子どもの発達と学校

［第3版］Ⅰ

# 発達と学習の心理学

宮川充司・大野 久・谷口明子・大野木裕明◉編

*Miyakawa Juji, Ohno Hisashi, Taniguchi Akiko & Ohnogi Hiroaki*

ナカニシヤ出版

# はじめに

20 世紀最後の年 2000 年 6 月に『子どもの発達と学校』の第 1 版第 1 刷を刊行した。以来，増刷を重ねてきたものの，10 年の歳月を経た 2010 年 6 月に第 2 版の改訂版を刊行した。それからさらに 8 年を経た今日，日本の学校や子どもたちをめぐる社会的な環境は，大きく変貌してきた。21 世紀に入り，何よりも日本をめぐる社会経済的な状況はなお一層厳しさを増している。体外受精を中心にした不妊治療も普及し，従来だと子宝に恵まれない夫婦も子宝に恵まれることが可能となってきた。それでも，少子高齢化と呼ばれるように人口の世代構造がさらに不均衡な変化をしてきている。女性の社会進出や少子化・核家族化の進行する中で，0 歳児保育が普及してきていた。幼稚園と保育園の機能を併せ持った認定こども園，小学校と中学校との一貫教育を重視した義務教育学校，中学校と高等学校の一貫教育を目指す中等教育学校といった新しいタイプの学校制度も少しずつ進行している。放課後児童クラブ（学童保育）も，共働き家庭やひとり親家庭の子どもにとって，学習塾と同じように，子どもの重要な放課後の居場所となってきている。

その一方，子どもの虐待の事例が急増し年々統計データを更新している。2017 年度は児童相談所の対応件数が遂に 13 万件の大台を突破した。虐待による子どもの死亡事件の報道も後を絶たない。小中学生の不登校児童生徒の数も，2013 年以降再び増加の傾向をたどっている。中学生のほぼ全員が高等学校に進学するところまで，高校進学率は上昇したが，それでも高校中退は，1989-1990 年度が年間 12 万人台となりそれをピークに減少し，2017 年度は 46,802 人と約 1/3 までとなったが，依然として深刻な数値であることに変わりはない。

子どもの貧困と呼ばれる子どものいる世帯の貧困率が，2012 年頃は 1/6 といわれ，1/7 位の比率まで改善したというが，依然として深刻な状態であることに変わりはない。ひとり親家庭，特に母子家庭の置かれている貧困の経済的状況が一般的に厳しい。経済的格差は，子どもの学力の格差の問題とも結びついている。

2006年6月になされた学校教育法の一部改正により，従来の特殊教育が特別支援教育へと変更され，翌2007年4月から新しい考え方での特別支援教育が始まった。また，発達障害についての概念や理念も変わり，知的障害を伴わないADHD（注意欠如・多動性障害）やLD（学習障害），高機能自閉症（高機能広汎性発達障害，HFPDD）等に関する特別支援教育や発達支援の幅が広がってきた。16人に1人とも言われる数値が示すように，発達障害をもつ子どもは，もはや特殊な例外的子どものことではない。2013年5月アメリカ精神医学会が13年ぶりに診断と統計のマニュアルDSM-IV-TRを改訂し，DSM-5を発表した。発達障害は神経発達症群に，広汎性発達障害は自閉スペクトラム症といった変更が加わった。2018年6月のWHOの国際疾病分類の改訂版ICD-11が発表され，同様の疾患名の変更がなされている。

2017年3月幼稚園教育要領，小学校学習指導要領・中学校学習指導要領，特別支援学校学習指導要領の改訂が公示された。小中学校では，「道徳」が「特別の教科道徳」となり，小学校高学年の「外国語活動」が中学年に引き下げられ，高学年は「教科外国語」となるなど，大きな改訂がなされた。高等学校学習指導要領は2018年3月に改訂された。「主体的・対話的で深い学び」といった新しい教育指針が重視されている。

また，2017年5月に教育職員免許法，また2017年11月には同施行規則の改正がなされ，2019年4月より施行されることとなった。この改正により，大学等における教員養成カリキュラムが，大きく改訂されることとなった。「教育の基礎理論に関する科目」の「幼児，児童及び生徒の心身の発達及び学習の過程（障害のある幼児，児童及び生徒の心身の発達及び学習の過程を含む）」が，「教育の基礎的理解に関する科目」の「幼児，児童及び生徒の心身の発達及び学習の過程」と「特別支援を必要とする幼児，児童及び生徒に対する理解」に発展分岐されることとなった。この改正に対応するために，この『子どもの発達と学校』は第3版を，『子どもの発達と学校Ⅰ　発達と学習の心理学』『子どもの発達と学校Ⅱ　特別支援教育への理解』の2冊の書籍に分冊編集することとなった。特別支援教育の理念が，特別支援学校・特別支援学級から，通常の学級に在籍する特別支援を必要とする「幼児，児童及び生徒」まで拡充されたための改訂であった。特別支援の対象は，心身障害児から通常学級に在籍している発達障害（神経発達症群）だけでなく，貧困家庭の子どもや日本語教育を必要とする外国籍の幼児，児童及び生徒まで拡充されたためである。

十年一昔とはよく言ったもので，研究面でも日進月歩の科学分野にあっては10年の歳月はことさら大きなものがある。人間発達の概念も，以前は生涯発達と呼んでいた青年期以降の成人期の発達や中年期・高齢期のエイジングの発達心理学的研究も大きく進展してきた。大脳生理学からの発達障害や精神疾患の発症メカニズムの研究も急速に進み，薬物療法による ADHD や統合失調症の治療も高い治療効果を示すようになってきた。発達障害は神経発達症群といった名称となり，広汎性発達障害も自閉症スペクトラム症と変更され，発症メカニズムの解明や診断技術も進み，おびただしい研究が集中するテーマとなった。児童虐待がさらに深刻度をまし，複雑な脳や中枢神経系の発達を大きく損ない深刻な後遺症を残すことも明らかにされることなり，子どもを巡る重大な社会問題となってきている。

こうしたさまざまな学校や子どもたちをめぐる社会的情勢の変化や科学的研究の進歩が，この改訂版にうまく反映されているとよいが，それはあくまで読者の評価に委ねたい。

最後に，改訂の要望がありながらなかなか実現しなかったこの本の第 3 版がようやく日の目を見ることになったのは，各執筆者へ原稿の催促と励ましをしていただいた，ナカニシヤ出版宍倉由高統括責任者の熱意と根気強さの賜であることを記し，感謝の意を表する次第である。

2019 年 1 月

編者記す

# 目　　次

# 子どもの発達と学校Ⅱ　特別支援教育への理解　目次

# 第1章　生涯発達と個人発達

## 第1節　子どもの発達から生涯発達の概念へ

人間発達の概念は，1970年代の初め頃までは人間の子どもが誕生から大人になるまでのことを指していた。1970年代に人の一生にわたる変化のプロセス全体を発達としてとらえる，生涯発達（life-span development）の概念が提案され，この生涯発達の概念が次第に発達そのものを示す概念となっていった。

子どもの発達のみを発達とする考え方は，現時点では古典的な発達の概念となった。この古典的な概念では，発達は子どもが誕生から大人になるまでのプロセスであり，発達を人間として価値的により高い状態に向かっての変化としてとらえる考え方である。この概念では，たとえば老化（aging，最近では音訳のエイジングという表記が多くなってきている）という現象は，発達とはまったく逆方向の変化であり，これは発達の一部というより，反対語だった。

この古典的概念は，別の発達の概念，生涯発達の概念が登場するまでは発達の概念そのものであったので，他と区別するための名称がない。強いて名称を付けるとすると，子どもの発達とか小児発達（child development）とかと言うことになろう。フロイト（S. Freud）の精神分析学的な心理－性的発達段階説やピアジェ（J. Piaget）の認知発達段階説は，代表的な古典的な発達理論と言えよう。表1-1にジンバルドー（Zimbardo, 1980）がまとめた，4つの代表的な発達段階説を比較したものを示す。

1970年代の後半頃から，定着してきた生涯発達の概念は，人間の生涯にわたる変化のプロセスそのものを発達としてとらえる考え方である。この概念では，受胎の瞬間から死に至るまでの心身の変化のプロセスが，発達の問題とし

**表 1-1　ジンバルドー**（Zimbardo, 1980）**による発達段階説のまとめ**（村田，1989による）

| 段階 | 年齢期間 | 主要な特徴 | 認知的段階（ピアジェ） | 心理-性的段階（フロイト） | 心理-社会的段階（エリクソン） | 道徳段階（コールバーグ） |
|---|---|---|---|---|---|---|
| 胎児期 | 受胎から誕生まで | 身体の発達 | — | — | — | — |
| 乳児期 | 誕生（熟産）から約18か月まで | 移動運動の確立<br>言語の未発達<br>社会的愛着 | 感覚運動期 | 口唇期<br>肛門期 | 信頼 対 不信 | 前道徳期<br>（段階0） |
| 児童前期 | 約18か月から約6歳まで | 言語の確立<br>性役割の獲得<br>集団遊び<br>就学「レディネス」とともにこの段階は終わる | 前操作期 | 男根期<br>エディプス期 | 自律性 対 恥・疑惑<br>自主性 対 罪悪感 | 服従と罰<br>（段階1）<br>互恵性<br>（段階2） |
| 児童後期 | 約6歳から約13歳まで | 操作の速さを除いて，多くの認知過程が成人なみになっていく | 具体的操作期 | 潜在期 | 勤勉性 対 劣等感 | 良い子<br>（段階3） |
| 青年期 | 約13歳から約20歳まで | 思春期の始まり<br>成熟の終わり<br>最も高度のレベルの認知の達成<br>両親からの成立<br>性的関係 | 形式的操作期 | 性器期 | 同一性 対 同一性拡散 | 法と秩序<br>（段階4） |
| 成人前期 | 約20歳から約45歳まで | 職業と家庭の発達 | | | 親密 対 孤立 | 社会的契約<br>（段階5） |
| 成人中期（中年期） | 約45歳から約65歳まで | 職業が最高のレベルに達する<br>自己評価<br>「空っぽの巣」の危機 | | | 世代性 対 自己陶酔 | 原理<br>（段階6または7，いずれもまれに出現） |
| 成人後期（老年期） | 約65歳から死まで | 退職<br>家族や業績を楽しむ<br>依存性<br>やもめ暮らし<br>健康の弱さ | | | 統合性 対 絶望 | |
| 死 | — | 特別な意味をもった「段階」 | | | | |

注）表中，児童前期・後期とあるが，一般的には幼児期・児童期という名称が使われる。

て取り扱われる。この発達の概念では，人生のさまざまな時期での発達が問題となる。子どもが大人となった時点で，すべての発達が完成するわけではない。職業的熟達とか，母性発達・父性発達に象徴される親となっていく心理プロセスといった成人期特有の発達，あるいは老化のプロセスも，当然生涯発達の概念に組み込まれる。この場合，子どもの発達概念の中核となった「人間として価値的により高い状態に向かっての変化」という，ひとつの文化的価値観に基づいた発達の方向性の取り扱い方はなお議論のあるところであるが，人として避けることができない老化のプロセスや死へのプロセスは間違いなく生涯発達のプロセスとして，現代の発達の概念の中に組み込まれている。

生涯発達の概念にとって，老年期あるいは老化や死のプロセスをどのように発達の概念の中に組み入れていくかは，重要な課題である。

グランマ・モーゼス（Grandma Moses：モーゼスおばあさん）の愛称で親しまれている，アメリカの国民的女流画家がいた。本名は Anna Mary Robertson Moses（1860-1961）。この女性は，貧しい農民の生まれで，高等教育はおろか美術教育も受けていない女性だった。10人の子どもを産み育て，60歳を過ぎる頃までごく普通の農村に働く勤勉な農婦の女性として人生を送っていた。たったひとつ他の女性と異なっていたのは，その第二の人生の過ごし方にあった。グランマ・モーゼスは，母親・主婦・農婦として第一線を引退した後，70歳の頃から素人画家として農村の風景を中心に絵を描き始め，その作品が有名な画商の目に触れたことにより，80歳でニューヨークで初個展を開き，一躍時の人となった。101歳で亡くなるまで約1600点の作品を残した，まさにアメリカンドリームを地でいくようなすばらしい女性であった（秦，1995）。

グランマ・モーゼスのような生き方をすることは，長寿者が多くなっている現代においても余人ではなかなかできるものではない。かといってグランマ・モーゼスに匹敵するような生き方をした人を探すことがまったく困難というわけではない。

「立春や堆肥の上の虫柱」（『句集　老稚』から）というような，まさに農村の生活の中から，にじみ出たような俳句を詠んでいった一人の老俳人がいた。松本椿年（1887-1986）という老俳人がその人である。「立春ということで，畑の隅に置かれている堆肥の山をふと見るとその中で冬越しをしていた虫たちが，ぞろぞろはい出してきている」。こんな春の農村の光景をとらえた句は，野良仕事の傍ら俳句を作り続けた農民俳人しか作り得ない句であろう。静岡県小山町の農家の生まれで，兼業農家として週日を工場で働きながら，週末は農耕に従事するという忙しい毎日の生活の中から，生活に密着した句が生まれていく。この俳人が『句集　老稚』を発刊したのは82歳の時，94歳の時『第二句集限界』を発刊と老俳人の創作活動は衰えない。「もう充分に生きた。世話をする者が気の毒だ」という言葉を晩年に周囲に漏らすようになった老俳人にやがて最期の時がやってくる。生死の境にある昏睡状態になった時に，かすかな声でつぶやいた。それが，「春風に乗って行かばや句の行脚」という絶吟の句となったもので，程なく98歳の生涯を静かに閉じた。享年51歳で旅の途上大病になり，大坂御堂筋の旅籠屋で客死した松尾芭蕉（1644-1694）の病中絶吟の句「旅に病んで夢は枯野をかけ廻る」と，比較する方が気の毒な気もする。

確かに，老年期に体験される，衰えゆく身体や派生した障害，ぼけ，やがて訪れる死といった喪失という言葉で表現される心身の非可逆的な変化は，誰しも積極的に歓迎できる状態に向かっての変化とは言えない。しかし，この老俳人が人生の最後に達した境地は，老年期の発達的変化のすべてが単純に「人間として価値的により低い状態に向かっての変化」とは言えないという事実を示しているだろう。

こうした長寿者の例は，現在でもまだ特異な例だとしても，社会の第一線を退いて後，盛んに海外旅行に出かけるといったような第二の人生を積極的に生きていく老人の例は，現代では決して珍しい例ではない。

こうした老年期の問題を含んだ生涯発達の理論の代表的な理論には，自己と社会との相互作用から生じる心理－社会的危機に着目したエリクソン（Erikson, 1959）の心理－社会的発達の段階説，道徳性の発達に着目したコールバーグ（Kohlberg, 1969, 1971, 1976），生涯発達の各発達段階ごとの発達課題（developmental tasks）を明示したハヴィガースト（Havighurst, 1948, 1953, 1972）の理論，発達に影響を及ぼす諸要因間の相互作用をとらえる枠組みを示したバルテス（Baltes, 1983, 1987; Baltes et al., 1980, 1998）の理論的モデルがある。

**表 1-2　ハヴィガースト**（Havighurst, 1972）**の発達課題**（村田，1989による）

乳児期・児童初期（就学まで）
1．睡眠と食事における生理的リズムの達成
2．固形食を摂取することの学習
3．親ときょうだいに対して情緒的な結合の開始
4．話すことの学習
5．排尿・排糞の学習
6．歩行の学習
7．正・不正の区別の学習
8．性差と性別の適切性の学習

児童中期（学童期）
1．身体的ゲームに必要な技能の学習
2．積極的な自己概念の形成
3．男・女の適切な性役割の採用
4．仲間と交わることの学習
5．価値・道徳観・良心の発達
6．パーソナリティとしての独立と家族との結びつきの弱化
7．基本的読み・書き・計算の技能の発達
8．自己および外界の理解の発達

青年期
1．概念および問題解決に必要な技能の発達
2．男・女の仲間とのより成熟した付きあいの達成
3．行動を導く倫理体系の発達
4．社会的に責任のある行動への努力
5．変化しつつある身体の承認と効果的な身体の使用
6．経済的に実行しうるキャリアへの準備
7．親からの情緒的独立の達成
8．結婚と家庭生活の準備

成人初期
1．配偶者への求愛と選択
2．配偶者との幸福な生活
3．子どもを巣立たせ，親はその役目を果たす
4．育児
5．家庭を管理する責任をとる
6．就職
7．適切な市民としての責任をとる
8．１つの社会的ネットワークの形成

成人中期
1．家庭から社会への子どもの移行に助力する
2．成人のレジャー活動の開始
3．配偶者と自分とをそれぞれ一人の人間として結びつける
4．成人としての社会的・市民的責任の発達
5．満足すべき職業的遂行の維持
6．中年期の生理的変化への適応
7．高齢者である両親への適応

高齢期
1．身体的変化への適応
2．退職と収入の変化への適応
3．満足な生活管理の形成
4．退職後の配偶者との生活の学習
5．配偶者の死への適応
6．高齢の仲間との親和の形成
7．社会的役割の柔軟な受け入れ

表1-1にまとめられているように，エリクソンやコールバーグの発達段階説は，ピアジェやフロイトの発達段階説と同様，それぞれ特異な心理的発達の側面に着目した理論であるが，成人期以降の発達にも着目した生涯発達の段階説である点が大きく異なっている。

ハヴィガーストの発達課題の概要を，表1-2に示す。

個人がそれぞれの発達段階において，獲得ないし達成しなければならない課題が，ハヴィガーストの発達課題である。それぞれの発達段階での課題が達成されないと，次の段階での課題達成が困難となり，適応障害を起こす可能性が高まっていく。それぞれの発達課題には，それぞれが達成されるための臨界期が存在しているとされている。臨界期とは，その時期をはずすと以後は達成が困難な決定的な時期を指している。ただし，人間発達においては他の時期でも修正が可能であるという，発達の可塑性を重視する立場からは，人間発達においては特定の時期でのみ決定的というより，ある程度やり直しがきくという意味で臨界期という表現は避けられ，敏感期（sensitive period）という表現が用いられている。

## 第2節　生涯発達の心理学

これらの諸理論のうち，バルテスの理論が，生涯発達の基本的な枠組みとして，広く受け入れられてきた。

### (1) 生涯発達の主要因

バルテスの理論は，多元論的－相互作用モデルとも呼ばれる。発達の基本的決定因として，生物学的要因と環境的要因およびそれらの間の相互作用が想定されている。次に，基本的決定因が具体的に発達に及ぼす影響は，標準年齢的影響・標準歴史的影響・非標準的影響の3つの系に分類され，それらの3系の影響が相互に複雑な相互作用が生じていくというものである（図1-1参照）。

また，これらの3系の影響力の相対的な大きさは，発達のどの時期かによっても大きく異なっていると考えられている（図1-2参照）。

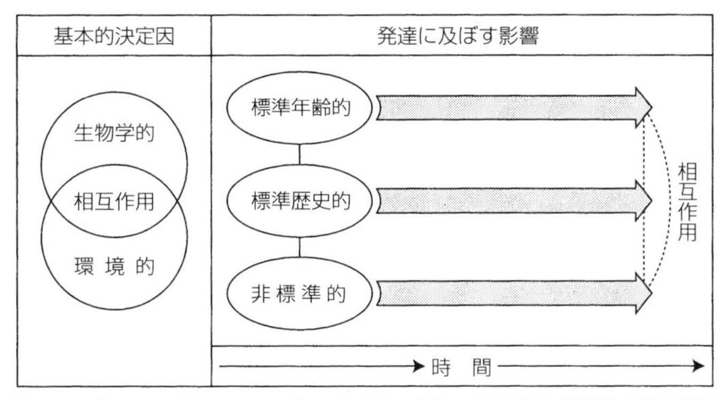


**図 1-1　バルテス（Baltes, 1983）による生涯発達に及ぼす主要因間の相互作用**
（村田，1989による）

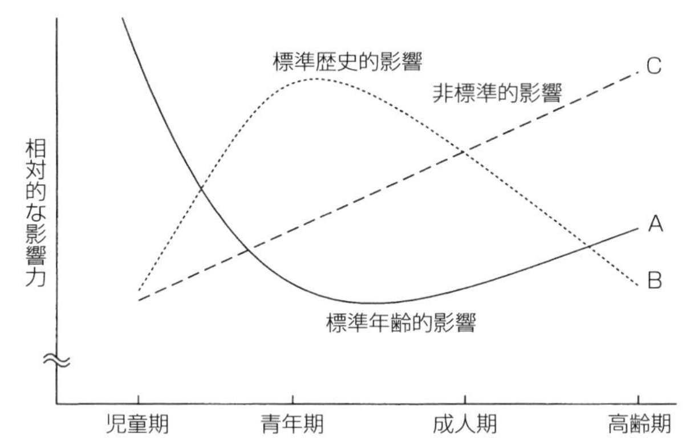


**図 1-2　バルテス（Baltes, 1980）による主要因の相対的な影響力の発達的変化**
（村田，1989による）

**1）標準年齢的影響**　年齢は，発達研究の基本的な指標として古くから使用されてきた。確かに，年齢の発達に及ぼす影響は大きい。標準年齢的影響には，さらに2種類に下位分類できる。1つは，生物学的個体発生に由来する影響が考えられる。生物学的個体発生の中心となるのは，遺伝子情報が主導的な役割を果たす，個体内部の生物学的な変化である。この遺伝子の影響は，胎児期から乳児期にかけて主導的であるが，年齢とともにその相対的な影響力は次第に低下していく。胎児期や乳児期の年齢の指標に，週齢や月齢が用いられるのは，短い期間に急激な発達的変化が進行してことによる。特に児童期以降，その相対的な影響力は低くなるが，高齢期（老年期）にかけて再びその影響力が高くなっていくと考えられている。高齢期も年を追うごとに，個人内の心身の変化は次第に顕著なものとなっていく。

もう1つの標準年齢的影響は，環境要因に属するもので，年齢に応じた社会的な取り扱い方，社会化の影響の差異がある。個体の生活年齢によって，社会制度的・社会慣習的な取り扱いは大きく異なっている。保育園や幼稚園の受け入れ年齢，義務教育学校への受け入れ年齢，非行少年の年齢による処遇の差などである。また，年齢によって，周囲の人からの働きかけも異なっていく。特に，日本の義務教育においては学年留置（留年）制度がない義務教育制度がとられていたり，年功序列といった年齢給（年齢に応じた給料の差異）の制度や慣習が色濃く残っているので，なお一層年齢のもつ意味は大きい。

**2）標準歴史的影響**　標準歴史的影響は，「歴史的時間および世代が関連した歴史的文脈に結びついている生物学的および環境的な影響」と定義されている。時代や社会・文化が個人の発達に及ぼす影響のことを指している。すべての社会・文化の影響は，それが埋め込まれている歴史の流れの中に組み込まれている。その中には，戦争や大恐慌，新型インフルエンザの世界的規模での感染の拡大（パンデミック）といった歴史的事件から，都市化や工業化といった社会的・環境的変化，食糧事情や医療水準の向上や育児様式の変化といった発達に影響を及ぼすさまざまなものがある。同一の大きな歴史的事象であっても，それを体験する年齢階層によっても，受ける影響は大小さまざまなものがある。世代差は，こうしたそれぞれの世代のコホート（cohort：年齢集団）が生きてきた社会や文化の影響の差異を反映している。

バルテスのモデルでは，この標準歴史的影響を最も強く受けやすいのは青年期がピークであり，そこから年齢が高くなるに従い，あるいは年齢が低くなるに従い，相対的な影響力が低くなっていくと考えられている。これは，社会に対する関心が急激に高まり，人生を生きていくための基本的な価値観が確立されるのが青年期であり，時代風潮の影響に敏感なのが青年期であると考えられているためである。

また，幼い子どもや高齢者には，社会的な変化，特にネガティブな影響が直接的な影響を及ぼさないよう保護するために，社会や家族により一種のフィルターシステムが働いていると考えられる。あるいは，高齢者の場合，特定の価値観の確立・固定や相対的な学習能力の低下により，新しい社会的・文化的変化を受容することが困難となっていくことにもよっている。もちろん，この標準歴史的影響に属する個別の事象すべてが，青年期にもっとも強いとは限らない。

しかし，阪神・淡路大震災のように，年齢階層を問わず，それぞれの人生に深刻な影響を与えてしまった出来事もある。6,400人以上もの命を奪ったその大震災が，中高年の失業・離婚・自殺や孤独死も，増加させた。子どもたちの間では，深刻なPTSD（post traumatic stress disorder：心的外傷後ストレス障害）も問題になった（藤森，1999；服部・山田，1999）からである。

**3）非標準的影響**　標準年齢的影響でも標準歴史的影響のいずれにも属さない生物学的ないし環境的な影響を，非標準的影響と呼んでいる。これは，個人のライフヒストリーを構成するさまざまなライフイベント（life event：生活事件）や体験，個人の遺伝子情報の構造や身体的条件の差異といった生物学的なものまで，個人の特徴や個人差を生み出していく個人特有の影響を指している。ライフイベントには，入学や転居，外国への移住，病気やけが，家族の構成員の変化，大切な人の死や出会い，結婚や離婚，就職や失業，事故や災難，ひとりの人間の人生には幸・不幸さまざまな出来事が含まれている。これらのライフイベントの中には，特にその後の人生の経路そのものの決定に大きな影響を及ぼすような重大なものが含まれている。

バルテスのモデルでは，個人に個性化をもたらすライフイベントが年齢の進行とともに集積していくことから，この非標準的影響は，年齢の進行に伴う単純加算的な直線的変化として描かれている。しかし，これはこの分野の実証的研究が未成熟なことによる単純化であり，個人の遺伝子情報の構造や身体的条件の差異といった生物学的決定因に関連する非標準的影響の領域となるとこの単純加算的なモデルがそのまま適用できるかどうか疑問が出てくるだろう。バルテスの生涯発達のモデルは，明らかに一人ひとりの人生が皆異なっている，つまり個人発達のモデルへの方向性をもっているものとも考えられたが，この理論的モデルがその後の発達研究で実際に影響を与えたのは，個人発達の研究や理論的研究の発展というよりも，高齢期あるいは中年期以降のエイジング（aging，老化）の研究領域に対してではないだろうか。

## 第3節　遺伝と環境

### (1) ジェンセン論争

1969年から1970年代にかけて，アメリカで後にジェンセン論争（Jensen-Controversy）と呼ばれた，大きな論争が起きた。知能の決定要因を巡る遺伝－環境論争であった。ここで大きな論争というのは，それは単に心理学の研究者の間で起こったアカデミックな論争ではなく，他の分野の研究者どころかアメリカ社会全体を巻き込んだ論争となったからである。1960年代，ジョンソン（Lyndon Johnson）大統領の教育政策として知られるヘッド・スタート計画が進行していた。これは，アメリカ社会において広がる社会経済的格差の中で，貧困階層の子どもたちについて学校教育の成果が低く，それが大きな社会問題として考えられていた。その原因として貧困階層の子どもたちの幼児期の教育環境が劣悪で，そのため小学校に入学した段階で就学適性の水準に大きな格差があり，それが小学校入学後一層の格差を生んでいるのではないかと考えられた。そこで，貧困階層の子どもたちについて，小学校入学前の幼児期の段階で家庭の教育的環境を豊かにすることによって就学適性を引き上げ，みんなが頭を揃えて一斉に学校教育をスタートできるようにしようというのが，ヘッド・スタート計画であった。この試みの中で生まれた成果の一つは，テレビを使った幼児教育番組の元祖となった『セサミストリート』であった。セサミストリートにアフリカ系アメリカ人（黒人）の子どものキャラクターが多く登場したのは，そうした貧困階層の子どもたちには，アフリカ系アメリカ人といった社会的な少数者が多かったからである。そうした社会的少数者の子どもにスポットライトを当てる番組構成であったからである。

そうしたいかにもアメリカ的なヒューマニズムにあふれたヘッド・スタート計画の成果に疑問を投げかけたのは，ジェンセン（Jensen, 1969）の論文であった。後にこのジェンセンの学説は発達心理学領域では「環境閾値説（environmental threshold theory)」と呼ばれたものであった。人間の知能のうち，中核となっているのはｇ－因子（g-factor）と呼ばれる一般知能で，その遺伝的決定率は80％で，環境の影響は小さい。また，生まれつき持っている知的能力の素質は，よほど劣悪な環境を除き，それほど豊かな環境でなくても最小限の環境条件さえあれば十分に実現するといった考え方であった。その遺伝的規定性が高い知能は，学業成績にも大きな影響を与える。また，ジェンセンは，知能の人種による差にも触れ，白人と黒人には差があり，それは本質的には遺伝によるものであるといった，アメリカ社会の根底にある人種差別問題にも火をつけてしまった。ジェンセンの考え方は，ジェンセニズム（Jensenism）と呼ばれ，人種差別主義思想の代名詞のようなレッテルを貼られ，心理学領域の学術的な論争だけでなく，ジャーナリズムを巻き込んだ社会的・政治的な論争となった。ただ，このジェンセン論争は，思わぬ出来事により沈静化した。それは安藤（2012）によると，バート事件と呼ばれたデータ捏造疑惑によるスキャンダル事件によって大きな影響を受けた。ジェンセンが，その主張の科学的根拠としたのは，イギリスの心理学会の重鎮であったバート（C. Burt）による双生児研究や養子研究のデータであった。その論争の中で，ケイミン（Kamin, 1974）は，ジェンセンが根拠としたバートの双生児研究のデータを再検証し，そのデータの不備や不自然な数値を見つけ，その科学的根拠に疑問を投げかけた。それをジャーナリズムが大きく取り上げたことにより，イギリス心理学会未曽有のデータ捏造事件となった。それはバートの死後のことであった。

安藤は，この事件を取り上げ，知能に遺伝的規定性があるというバートの業績と科学的事実が不当に全否定されてしまったのではないかということを論じている。ただし，知能に限らず，統合失調症といった精神疾患，自閉スペクトラム症（autism spectrum disorder：ASD）といった神経発達症群（発達障害）の遺伝性に関する関心は，1980年代から急速に研究が進展していったヒトゲノムの解読研究により，アメリカ社会においても再び遺伝に対する関心が高まっていくことになった。

### (2) 人間の発達に及ぼす遺伝と環境の影響：行動遺伝学

行動遺伝学という今日では花形の研究分野がある。発達心理学領域において，その行動遺伝学的研究の中心となっているのは，双生児法による研究である。双生児（ふたご）には，一卵性双生児と二卵性双生児があり，一卵性双生児は1つの受精卵が2つに分裂して育っていったもので遺伝形質はまったく同一。二卵性双生児は同時に受精した2つの卵子が育っていくもので，遺伝形質は類似してはいるがまったく同一ではない。

安藤（2014）は，この特徴から，特定の形質の遺伝率を，一卵性双生児と二卵性双生児の類似性の違いから，推定する双生児法の基本公式を解説している。一卵性双生児も，二卵性双生児も，同一の家庭環境で育てられている場合は，ほぼ同じ共有環境を有していると考え，それぞれの類似性を，相加的遺伝要因と共有環境の和として，相関係数で表すと，次のような双生児連立方程式と呼ばれる公式が使われる。

一卵性双生児の類似性　$r_{MZ} = \Sigma a_i^2 + \Sigma c_i^2$

二卵性双生児の類似性　$r_{DZ} = 1/2\Sigma a_i^2 + \Sigma c_i^2$

二卵性双生児の場合係数1/2を相加的遺伝要因にかけるのは，二卵性双生児の相加的遺伝要因はきょうだい間の相関であり，半分は同一の要素，残り半分はまったく独立の要素をもっているものの共分散であると推定することによる。この2つの相関係数から，双生児の遺伝率を推定するもので，そのうち相加的遺伝要因の公式はフォルクナーの公式と呼ばれる遺伝の寄与率，すなわち遺伝率の簡便な推定式である。

相加的遺伝要因は，一卵性と二卵性の相関の差の2倍

$$\Sigma a_i^2 = 2(r_{MZ} - r_{DZ})$$

共有環境は，二卵性の相関の2倍から一卵性相関を引いたものである。

$$\Sigma c_i^2 = 2r_{DZ} - r_{MZ}$$

非共有環境は，1から一卵性の相関を引く。

$$\Sigma e_i^2 = 1 - r_{MZ}$$

### (3) 知能・学業成績の遺伝・環境の規定性

安藤（2012，2017）によると，遺伝と環境の規定性について双生児法により

**表 1-3　ハワースら**（Haworth et al., 2010）**による知能における双生児相関と遺伝・環境の割合**
（安藤（2017）の訳に一部加筆）

| | 一卵性 | 二卵性 | 遺伝 | 共有環境 | 非共有環境 |
|---|---|---|---|---|---|
| 児童期<br>$n$=2,680 | 0.74<br>$n$=1,089 | 0.53<br>$n$=1,591 | 0.41 | 0.33 | 0.26 |
| 青年期<br>$n$=4,934 | 0.73<br>$n$=2,222 | 0.48<br>$n$=2,712 | 0.55 | 0.18 | 0.27 |
| 成人期前期<br>$n$=3,075 | 0.82<br>$n$=1,498 | 0.48<br>$n$=1,577 | 0.66 | 0.16 | 0.19 |

注）$n$ は双生児のペア数

最も頑健な知見が蓄積されているのは，知能の領域であり，蓄積されているデータのメタ分析だけでも複数の研究がある。古典的なデータを分析した研究（Chipuer, Rovine, & Plomin, 1990）によると，同環境一卵性双生児 4,672 組の IQ の相関は 0.86，異環境一卵性双生児 65 組の相関が 0.72，同環境二卵性双生児 5,533 組の相関 0.60，相加的遺伝要因が 0.32（32%），非相加的遺伝要因 0.19（19%），遺伝的要因合わせて 0.51（51%）という数値が算出されている。また，ハワースら（Haworth et al., 2010）によるアメリカ・オランダ・イギリス・オーストラリアの 10,000 組を超す双生児の知能データのメタ分析では，一卵性 4,809 組の相関が 0.76，二卵性 5,880 組の相関は 0.49 で，児童期・青年期・成人期前期に区別して，遺伝・共有環境・非共有環境の割合を算出すると，表 1-3，図 1-3 のようになる。

共有環境・非共有環境の寄与率は児童期から青年期，成人期前期にかけて低下していくが，遺伝の寄与率は 0.41，0.55，0.66 と逆に上昇していくといった，一般的な発達的変化の予想とは逆の結果を示している。知能という個人差について，児童期・青年期・成人期前期にかけて環境要因の寄与率は下がり，遺伝の寄与率はむしろ発達的に高くなっているのではないかということが集積された研究データのメタ分析は示している。

学業成績の遺伝・環境の寄与率についても，欧米 10 か国の蓄積されたデータをメタ分析したブラーニガンたちの研究（Branigan, McCallum, & Freese, 2013）によると，一卵性双生児 23,085 組の学業成績の相関は 0.747，二卵性双生児 28,460 組の相関は 0.551 で，遺伝率は 0.400，共有環境 0.361，非共有

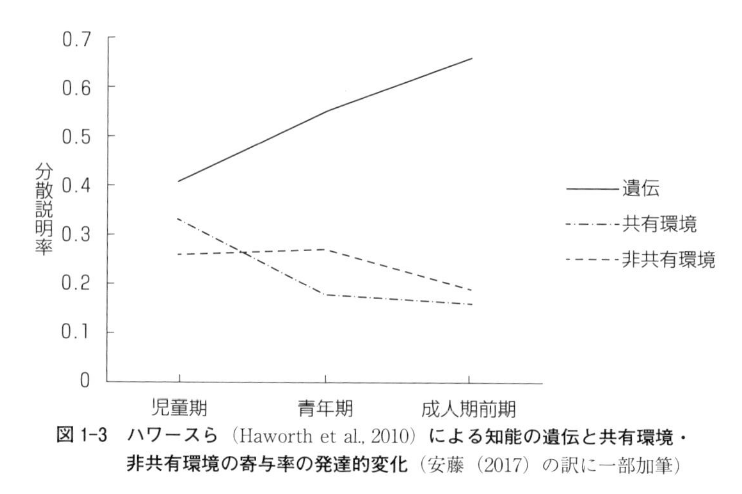


**図 1-3　ハワースら**（Haworth et al., 2010）**による知能の遺伝と共有環境・非共有環境の寄与率の発達的変化**（安藤（2017）の訳に一部加筆）

環境 0.253 と，児童期の知能の遺伝・環境の規定性の学生の双生児についての研究があるが，ほとんどの教科の成績の遺伝寄与率は 20%から 50%の範囲であることを示した。学業成績の遺伝寄与率が，知能の遺伝寄与率に近似した数値を示すが，これは知能と学業成績との一般的な連動性から十分理解される範囲である。

### (4) 多因子遺伝とエピジェネティクス：遺伝・環境を巡る新しい枠組み

知能や学業成績の遺伝的規定性についてふれたが，ではそれらを決定している遺伝子がどれか特定されているだろうか。答はそう簡単ではない。一口に頭の良い子悪い子，勉強のできる子できない子といっても，それらの特性は複雑でたくさんの行動特性の集合体であり，それらを方向づけている遺伝子は，多数の複雑な遺伝子の組み合わせによっている。単一遺伝子による遺伝形質を単一遺伝と呼ぶのに対し，多因子遺伝と呼ぶ。前世紀の終わり頃から，ヒトゲノムの解読が急速に進んできた。遺伝子の解明が何よりも急がれていたのは，遺伝疾患・遺伝病といわれてきたものである。その結果，出生前診断から始まる種々の遺伝子診断技術が急速に広まってきた。ただ，現状ではこうした遺伝子診断が実用化されているものの多くは，染色体の変異や単一遺伝とかメンデル型遺伝と呼ばれる単一遺伝子による遺伝疾患であり，多因子遺伝病と呼ばれる多くの遺伝子の関係しているものは原因遺伝子が特定されるまでにはまだ時間を要する。

たとえば，20世紀の終わり1970年代から，多くの遺伝子研究が集中してきたもののの1つに，自閉症あるいは自閉スペクトラム症（ASD）がある。自閉スペクトラム症の発症に疑いのある遺伝子は，800-1,000を超える候補遺伝子があげられている。ただし，それらの候補遺伝子に遺伝子変異が確認されているわけではない。自閉スペクトラム症に関する最近の研究では，妊娠中の母親に取り込まれた環境汚染物質や一部の治療薬が胎児のDNAの発現を損ない，自閉スペクトラム症の発症リスクを高めているのではないかといった疑いを指摘している（大隅，2016；土屋，2018）。エピジェネティクス（epigenetics）という，遺伝形質の発現途上で生じた分子レベルでの化学的変化により，遺伝形質の表現型が変わってしまうという分子遺伝学の新しいメカニズムが注目されている。遺伝の発現には，細胞の中に組み込まれている遺伝情報DNA（デオキシリボ核酸）の塩基が，まずメッセンジャーRNA（mRNA）などのRNA（リボ核酸）に転写され，次のそれらのRNAがアミノ酸に翻訳されて，それが遺伝形質の発現となる。そのDNAの複写から翻訳のメカニズムの中で，DNAのメチル化やヒストンのアセチル化といった変化が起こり，環境によって遺伝子発現が変わっていくという考え方がエピジェネティクスである。DNAにメチル基が結合するメチル化はDNAの発現を抑制する。ヒストンとは，DNAが絡み付いているコード（紐）のような部分で，これにアセチル基が結合したものがアセチル化，メチル基が結合するとメチル化である。ヒストンのアセチル化はDNAの発現を活性化し，ヒストンのメチル化はDNAの発現を抑制する場合と活性化させる場合がある（仲野，2014）。これは，旧来の遺伝と環境の二項対立的な考え方を乗り越えていく新しい突破口（安藤，2017）となっていくのではないかと考えられる。

## 第4節　生涯発達の区分

### (1) 日本民俗学による発達の区分

人の一生をどのようなものとして考えるかという問題は，決して生涯発達心理学だけの問題ではない。たとえばそのひとつ，日本民俗学領域でも，人の一

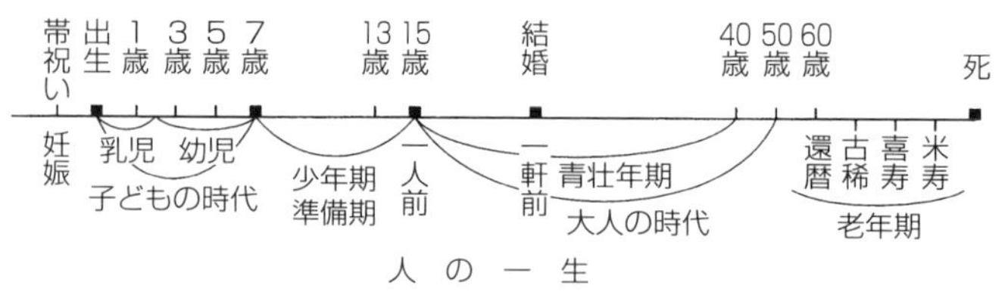


**図1-4　大藤（1982）による日本民俗学的な人の一生の区分**

生の区分は重要なテーマである。人は生まれてから死ぬまでの間に，さまざまな節目があるが，その節目ごとに通過儀礼と呼ばれるさまざまな儀式が行われてきた。こうした節目の多くは厄年（やくどし）と考えられ，厄祝いと呼ばれる通過儀礼が行われる。これらは，次の段階に進むための社会的な承認とともに，本人の心理的な自覚を促し，次の段階の安全を神仏に祈願するためのものであった。こうした通過儀礼による生涯発達の区分は，何らかの経験則を含む民族的な知恵を反映することも少なくないし，また，現代の社会制度・慣習の原型・起源となっているものも少なくない。

大藤（1982）は，この通過儀礼に着目して，人の一生を7期に区分している（図1-4参照）。これらの時期の節目節目は，厄年と見なされる例が多い。かつての日本では，節目に当たる数え年の年齢で画一的に取り扱いが異なった。また，節目の年齢も性別で異なっている。性別を除いて，個人の条件というより，その年齢によって社会的な取り扱いが画一的に決められていたのが，通例であった。

**第1期　子どもの時期（幼年期）：帯祝いから数え年の7歳まで**　「7つまでは神のうち」という子ども観によって，数え年の7歳になるまでは魂が不安定なものとして扱われた。今日でも帯祝いは妊娠5か月目の戌（いぬ）の日を選んで祝われるが，これは流産の危険性が低くなったこの時期から胎児を一個の生命として扱い始めたことを意味している。以後，誕生（出生）・お七夜・初宮参り・お食い初め・初誕生・七五三と続く。

**第2期　大人になるための準備期（少年期）：7歳から13歳（女子）ないし15歳（男子）になるまで**　7歳になると，かつての村社会では，子ども組という仲間組織に編入され，村祭りなどでの役割が分担された。今日では，小学校入学の時期と重なるが，世界中の多くの文化で7歳を大きな人生の区切りと見なしてきたのは，決して偶然のことではない。

**第3期　一人前となる時期：13歳（女子）・15歳（男子）**　この年を厄年として見なしている独立の時期としている点が，大藤の独自な発想と思われる。大人になる年齢が早く，数え年で女子十三参りの13歳で，男子元服15歳で一人前になったと見なした点が，今日の社会と大きく異なる。男子は15歳になると成年式があり，若者組に入れられ，家でも社会でも一人前として扱われるようになった。

**第4期　大人の時期（結婚・青壮年期）：女子14歳男子16歳から40歳になるまで**　かつては，婚姻年齢が早く，この女子14歳男子16歳から婚姻が可能となった。今日では，婚姻年齢が後ろに大きくずれてきた。

男子は25歳と42歳（大厄），女子は19歳と33歳（大厄）が厄年と見られている。大厄の前の年は前厄，大厄の次の年は後厄と呼ばれ，大病や災難が降りかかりやすいと考え，大きな節目と考えられていた。したがって，第4期を女子14歳から31歳になるまで，男子16歳から40歳になる前と考え，女子32-34歳，男子41-43歳を独立の第5期大厄の時期（以下の時期順送り）として扱った方が明確かもしれない。

**第5期　長老として指導する時期（中年期）：40歳から50歳代**　今日でも，この年齢階層は社会の中枢を担っている。

**第6期　公の村の仕事から隠退する時期：60歳以降**　かつては還暦にあたる60歳から，家督を息子の代に譲り隠居するといった家庭や社会での中心的な役割を退き，隠居し，念仏講等の組織に入った。今日隠居制度は薄れたが，職場の定年制や老人会として残っている。以後，古稀（こき）（70歳）・喜寿（きじゅ）（77歳）・傘寿（さんじゅ）（80歳）・米寿（べいじゅ）（88歳）・卒寿（そつじゅ）（90歳）・白寿（はくじゅ）（99歳）と続く。

**第7期　死**　めでたく第6期に達した人にも，やがては死が訪れる。第6期以降になっての死は，天寿をまっとうしたものとして，しばしばおめでたいことのような扱いをする。それに対して，第5期までの死は，異常死として特別に扱われてきた。特に，7歳になるまでに死亡した子どもは地蔵っ子とも呼ばれ，葬儀も簡略化されることが多かった。こうした死後の世界がどうなっているかという，あの世観の問題も，生涯発達心理学では大きな問題となる。

こうした日本民俗学による生涯発達の区分とそれぞれの時期は，日本社会あるいは日本人が潜在的にもっている発達観や子どもたちに対する社会的取り扱い上の問題を考えていくうえでは重要な意味をもっている。そのため生涯発達心理学の視点からも，民俗学的な習俗に関心をもった研究が取り組まれ始めている。

江戸時代初期から中期（17-18世紀）にかけて盛んに描かれた「熊野観心十界曼荼羅（熊野観心十界図）」という絵画史料が，宗教民俗学や民俗文化財の分野で関心を集めている（小栗栖，2011；根井・山本，2007）。これらは，生涯発達心理学の視点からも300-400年前の日本人がもっていた人の一生のイメージを読み解くのに重要な代表的な絵画史料である（宮川，2005）。これは，男女がペアで階段を登って降りるというイメージで人の一生を描く「人生の階段図」という，15-19世紀，とりわけ19世紀にドイツやフランスの工房で盛んに制作された版画と人の一生のイメージのとらえ方の発想がよく似ている（小嶋，1989，2001；西岡，2009）。それは，男女のペアが左から上って降りていくという絵画表現で人の一生が描かれ，階段下に死後世界である天国と地獄が簡単に描かれている。西岡（2009）によると，15-16世紀の人生の階段図は，男性あるいは女性いずれかの人生の階段図で，男女ペアのものが盛んに制作されるようになったのは19世紀になってからであると言う。

一方江戸時代初期（室町時代後期からと言う説もあった）から中期（17-18世紀）にかけて盛んに描かれた熊野観心十界曼荼羅からは，当時の人の一生についてのイメージや考え方を読み取ることができる。もちろん，この絵画以前に，同様なイメージで人の一生を描いた絵画史料に東京国立博物館所蔵「おいのさか図」（15世紀），和歌山総持寺本「六道十王図」のうち「五道転輪王幅」（16世紀）があるが，これらは男性の一生を山に登り降りるというイメージで描いたものである（宮川，2005）。さて，とりわけこの熊野観心十界曼荼羅という絵画史料の重要な点は，上半分に「老いの坂」と呼ばれる山を男女のペアが登って降りる，下り坂の最後の方は女性のみが残されるというイメージで，人の一生が描かれている。また，この老いの坂は，梅・柳・桜・松・杉・紅葉・黄葉・冬枯れの木と，春夏秋冬の四季の樹木に人の一生がたとえられている。この人の一生のイメージは，現代の日本人が抱いている大まかな人生の一

**図 1-5　最盛期に描かれた熊野観心十界曼荼羅**（兵庫県立歴史博物館本）

般的なイメージとそう変わらないのではないだろうか。

老いの坂の下には，死後世界が描かれている。中央にお盆行事の施餓鬼会の光景が描かれていて，これは施餓鬼という法会の功徳を表現している。その中央に「心」の字が描かれ，そこから引かれる赤い線から，十界につながっている。阿弥陀来迎の仏界，右側に桜の下の縁覚，左側に声聞，菩薩の四聖界が描かれる。天女の描かれる天道，人間の人道，修羅道，餓鬼道，畜生道，地獄の六道が描かれる。施餓鬼檀の真下，この絵の中央に子どものあの世である賽の河原が描かれ，三途の川とそこに掛かる奈河橋。左下にお産でなくなった女性の落ちる血の池地獄，刀葉林，両婦地獄，閻魔大王，子どもを生まないで生涯を終えた女性の落ちる不産女（石女）地獄，地獄の大釜，地獄の臼（等活地獄），無間地獄，火車，釘念仏，寒地獄とイメージ豊かな死後世界が描かれている。日本美術史のジャンルに，中性から近世にかけて発展した六道絵・地獄絵と呼ばれる独特のジャンルがある。鎌倉時代から江戸初期にかけて，とりわけ地獄の絵画的イメージが広がり，大きく発展した。この絵画史的な発展が，この熊野観心十界曼荼羅の豊かなあの世のイメージとして集大成されていると考えられる（宮川，2008，2009）。因果応報や死後世界としての地獄への恐れといった「あの世観」は薄れ，人間が死ねば一切が消えてなくなるという唯物論的ものの見方や「臨死体験」といった科学的な知見の広がりといった側面から，古い時代に日本人がもっていたあの世観あるいは女性観と現代人のそれらとは大きく変質してきている。

## (2) 便宜的な生涯発達の区分

人間の一生の時期的な区分は，一般的には社会制度や社会的な取り扱い慣習差により，従来8つの時期に便宜的に区分されて取り扱われてきた。この8つの時期は，めでたく天寿をまっとうした場合のみ，すべてを通過することになるが，人間の一生の終焉を告げる死というゴールは，必ずしもすべての人に同一の時期に設定されているわけではない。そこで，死という人生の終焉期を，X番目の独立の時期として位置づけ，9つの区分で考えてみたい（図1-6）。

**1）胎児期**　受胎の瞬間から誕生までの正常分娩で約10か月の期間を，発達心理学では胎児期として扱う。産婦人科学では，受胎の瞬間から8週の終わり頃までの期間を特に胎芽期，以降を胎児期として区別しているが，発達心理学では胎芽期・胎児期そのものの研究集積が未発達であるので，一般的にはひっくるめて胎児期と称している。胎芽・胎児期とか周産期と称する場合もある。なお，卵子の受精から，受精卵の子宮内膜への着床までの8-10日間を胚期（卵体期）として，胎芽期と区別する場合もある。

この時期は，特に遺伝情報が主導的な発生・発達過程であり，母胎環境とし

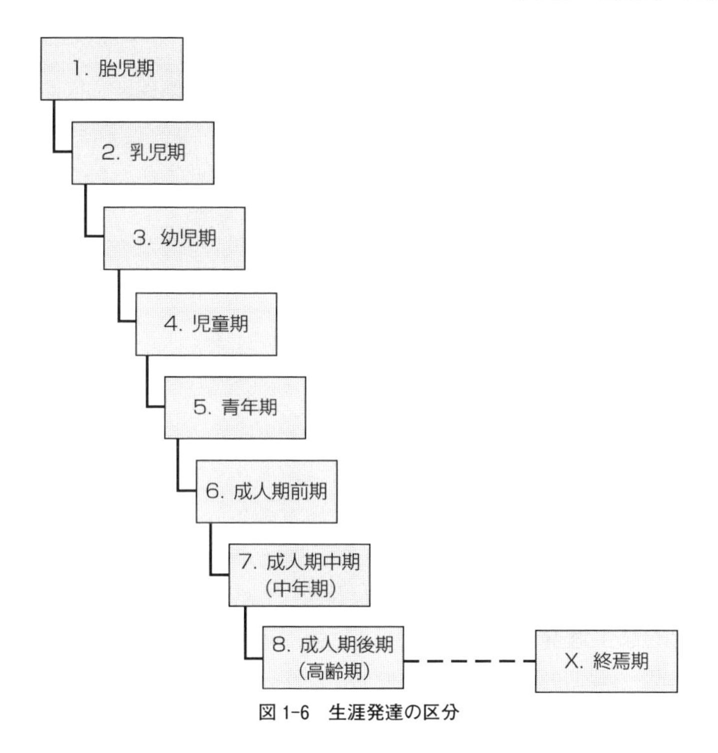


**図 1-6　生涯発達の区分**

ての環境要因もそれと相互作用をもっていると考えられる。この時期に，正常な発生・発達を阻害するような何らかのアクシデントが起こる場合は当然のこととしてありうる。それは遺伝子そのものの問題だけでなく，母胎環境の異変によっても生じうる。流産・死産という結果をもたらす場合もある。あるいは，先天性疾患として，その後の発達を大きく変えてしまうような場合もある。早産で未熟児として生まれる場合もある。しかし，近年の医療水準のめざましい進歩は，明るい希望をもたらしつつある。

**2）乳児期**　誕生の瞬間からほぼ1歳6か月頃までの時期を，乳児期としているが，一般的には2歳になる頃までの0-1歳代を乳児期として扱うことも少なくない。乳児期の終わりには，それほど明確な基準が存在しているわけではない。日本では，赤ちゃんの1歳6か月1歳半健診という発達診断の社会的制度が確立されているので，それが1つの目安となっているに過ぎない。また，誕生の瞬間から約1週間，大まかには約1か月までを新生児期として特別に扱う。近年の発達心理学では，特にその新生児の意外な有能性が発見されてきている。

胎児期に次いで，乳児期が，後の生涯発達のどの時期よりももっとも急激な発達的変化が進行する時期と言える。また，乳児の気質といった，多様な乳児の個人差についても関心が集められている。比較文化的な研究も，進行してきている。

近年，女性の社会進出に伴う社会的な保障制度として，0歳児保育を体験する子どもも珍しくなくなってきている。国際結婚によって形成された，国際家族の子どもたちのように，多文化的な環境で育つケースも少しずつ増えている。外国で生まれた赤ちゃんもいる。大きな発達障害が見つかることもある。乳児期から闘病生活を体験する子どももいる。医学の進歩によって，先天的疾患等がうまく克服されるようになった幸せな子どももいれば，そうでない子どももいる。実の親や同居家族により虐待されるというような，人間として最も不幸なライフイベントをもってしまう子どもも増えて社会問題化している。その意味では，乳児レベルから既に人生のコースが多様化・多文化化してきていると言えよう。

**3）幼児期**　2歳頃から小学校入学前までを言う。言語（母語）の獲得と発達，仲間遊びを中心とする仲間関係の展開，思考能力・知的能力の発達が進行していく。幼児向け英語教室やちびっ子サッカーといった，多様な幼児教育の試みもある。この時期多言語・多文化環境にさらされた子どもたちは，多文化主義的・多言語主義的な特性を発達させていく。

**4）児童期**　小学校入学後から卒業までを言う。学童期という名称を用いる場合がある。本格的な学校教育が開始される。知的・社会的・情緒的・運動的発達のさまざまな側面で，学校教育の効果が浸透していく。児童期の子どもたちについても，さまざまな変化が起こり始めている。外国人の子どもや国際家族の子どもが，クラスメイトとなることも珍しいことではない。海外の学校との転出入も特別なことではなくなった。国際学級といった特設学級が設定されている学校も，例外的な学校ではなくなってきた。新学習指導要領では学力の重視や小学校における外国語教育等新しい学校教育の試みも進展している。また，2007年3月から，学校教育における発達障害の概念や特別支援教育の幅が拡大されてきた。ADHD（注意欠如・多動性障害）やアスペルガー障害といった発達障害の子どもたちへの社会全体の理解や発達支援の社会的態勢は，まだ多くの時間を要するが，また非常にゆっくりであるが環境整備がされつつある。

**5）青年期**　中学校入学から大人になるまでの期間を言う。法律上は20歳の誕生日，社会習俗上は成人式という通過儀礼を迎えることによって一人前の大人として扱われることになる。しかし，成人式そのものの形骸化や中学校卒業後もしくは高等学校入学以降の人生のコースの多様化の拡大もあり，必ずしも20歳という年齢が心理学的に大きな区切りとなっているかどうかは曖昧となってきている。高度技術化社会という言葉に象徴されるように，先進国では一前の大人となる条件の水準が高くなってきている。年齢は，大まかな目安に過ぎない。青年期の終わりは，年齢というよりは一人前の社会人として出発するという定義によった方が実際的であろう。

一時期中学校を卒業し，高等学校卒業といったコースまでは，ほぼ全員の子どもたちがたどる人生コースのようになっていた。しかし，中学校における不登校や高等学校中退者のケースは，一時うなぎ登りになる傾向があったりして，この年齢階層においても，すべての人が1つの決まったコースを同じように歩んでいるとは言えなくなった。いじめや暴力・非行といった社会問題も，深刻化する兆しが強い。生徒指導上の悩みを抱える教師や学校も少なくない。

長引く不況の影響もあって，高等学校や大学卒業者の就職難・青年の失業者といった問題もあり，青年を取り巻く環境は，必ずしも楽観的な見通しがあるとは言えなくなってきた。

**6）成人期前期**　社会人として独り立ちを始めてから30-35歳頃まで。就職・結婚・第一子の出産といった，一人前の大人・職業人・親としての発達を完成していく。今，日本の社会が抱えている最大の社会問題は，青年期から成人期前期の区切りとなる，一人前の社会人として定職に就き，親からの社会的・経済的自立を達成するという，以前の日本社会ではごく当たり前であったことが，世界的な規模で長引く経済不況のために困難な状況となっていることである。

**7）成人期中期（中年期）**　30-35歳頃から60歳-65歳頃まで。職場や家庭において，重要な責任を担っていく。子どもが巣立っていき，夫婦・家族関係の再構築が迫られてくる。中年期危機と呼ばれる特有の心身両面にわたる変化が体験されていく。また，身体的機能の衰え，大病，エイジング（老化）の兆候が見られるのは，老年期からではなく，実はこの時期からなのである。

**8）成人期後期（高齢期または老年期）**　年齢的には65歳頃の社会の第一線を退いてから人生の終焉が近づいてくるまでの期間を言う。従来老年期の研究は乏しかったが，生涯発達の概念の発展とともに，近年老年期の研究が盛んになっている。医療水準が高くなり平均寿命が延びた結果，社会の第一線を退いて後の人生が平均的して非常に長くなってきた。健康な老人も，多くなってきた。こうした社会的な背景が，老年期の研究が促進されている社会的背景でもある。この高齢期をさらに3つの時期に区分する考え方（Suzman & Riley, 1985）も定着しつつある。65歳から75歳くらいを前期高齢者（pre-old, young-old），75歳-85歳くらいを後期高齢者（old），85歳以上を超高齢者（super-old, oldest-old）。

この時期，よい年を取るという意味でとらえるのがわかりやすい，最適加齢（optimal aging）の概念が問題となっている。最適加齢は，自分が力を注ぐことを選択するという新しい選択，補償，および最大効用の理論が関心事項となろうとしている（Baltes, 1997; Baltes & Smith, 1999; Schaie & Willis, 2002）。

**9）終焉期（死）**　どんな健康な老人にも，老化現象という心身機能の喪失は訪れることであり，やがてまちがいなく死の瞬間という人生の終焉が訪れるのである。もちろん，死は必ずしも老年期だけの問題ではない。死という終焉期は，どの人生の時期にも，訪れる可能性があるからである。死へのプロセスに関しては，近年ホスピスや末期医療の問題によって，死をタブー視せず，その心理的プロセスや死の準備教育に関する研究が進展し始めている（柏木，1995）。いのちの授業といった学校教育での取り組みもある。この死という人生の終焉期を，X番目の独立の時期として独立に設定するか，老年期の一部または終点と位置づけるかは，両論とも可能であろうが，天寿をまっとうしないで子どもの時に一生を終える早世や事故死・末期ガン等といった多様な人の一生を理解する枠組みとして，人生のどの時期に結びつくかわからないX番目の時期としてこの終焉期を位置づけるのが，生涯発達の理解の枠組みとしては合理性が高いように思われる。

### ■引用文献

安藤寿康（2012）．遺伝子の不都合な真実――すべての能力は遺伝である――　筑摩書房

安藤寿康（2014）．遺伝と環境の心理学――人間行動遺伝学入門――　心理学の世界専門編18　培風館

安藤寿康（2017）．「心は遺伝する」とどうして言えるのか――ふたご研究のロジックとその先へ――　創元社

Baltes, P. B. (1983). Life-span developmental psychology: Observations on history and theory revised. In R. M. Lerner (Ed.), *Developmental psychology: History and philosophical perspectives*. Hillsdale, NJ: Erlbaum. pp. 79-111.

Baltes, P. B. (1987). Theoretical propositions of life-span developmental psychology: On the dynamics between growth and decline. *Developmental Psychology*, **23**, 611-626.

Baltes, P. B. (1997). On the incomplete architecture of human ontogenesis: Selection, optimization and compensation as foundations of developmental theory. *American Psychologist*, **52**, 366-381.

Baltes, P. B., Lindenberger, U., & Staudinger, U. M. (1998). Life-span theory in developmental psychology. In W. Damon (Chief Ed.), R. M. Lerner (Vol. Ed.), *Handbook of child psychology* (5th ed.): *Theoretical models of human development*. New York: John Wiley & Sons. pp. 1029-1143.

Baltes, P. B., Reese, H. W., & Lipsitt, L. P. (1980). Life-span developmental psychology. *Annual Review of Psychology*, **31**, 65-100.

Baltes, P. B., & Smith, J. (1999). Multilevel and systematic analyses of old age: Theoretical and empirical evidence for a fourth age. In V. L. Bengtson & K. W. Schaie (Eds.), *Handbook of theories of aging*. New York: Springer. pp. 153-173.

Branigan, A. R., McCallum, K. J., & Freese, J. (2013). Variation in the heritability of educational attainment: An international meta-analysis. *Social forces*, **92**, 109-140.

Chipuer, H. M., Rovine, M. J., & Plomin, R. (1990). LISREL modeling: Genetic and environmental influences on IQ revisited. *Intelligence*, **14**(1), 11-29.

Erikson, E. H. (1959). Ego identity and life cycle. *Psychological issues monograph*. Vol. 1 (No. 1). New York: International Universities Press. [小此木啓吾（訳）(1973). 自我同一性　誠信書房]

藤森和美（1999）. 子どものトラウマと心のケア　誠信書房

服部祥子・山田冨美雄（編）(1999). 阪神・淡路大震災と子どもの心身：災害・トラウマ・ストレス　名古屋大学出版会

Havighurst, R. J. (1948). *Developmental tasks and education*. New York: David McKay.

Havighurst, R. J. (1953). *Human developmental tasks and education*. New York: Logmans-Green.

Havighurst, R. J. (1972). *Developmental tasks and education* (3rd ed.) New York: David Mckay. [荘司雅子（訳）(1967). 人間発達課題と教育　牧書店]

秦　新二（1995）. グランマ・モーゼスの贈り物　文芸春秋

Haworth, C. M. A., Wright, M. J., Luciano, M., Martin, N. G., de Geus, E. J. C., van Beijsterveldt, C. E. M., Bartels, M., Posthuma, D., Boomsma, D. I., Davis, O. S. P., Kovas, Y., Corley, R. P., DeFries, J. C., Hewitt, J. K., Olson, R. K., Rhea, S-a., Wadsworth, S. J., Iacono, W. G., Mcgue, M., Thompson, L. A., Hart, S. A., Petrill, S. A., Lubinski, R. K., & Plomin, R. (2010). The hereditability of general cognitive ability increases linearly from childhood to young adulthood. *Molecular Psychiatry*, **15**, 1112-1120.

Jensen, A. R. (1969). How much can we boost IQ and scholastic achievement? *Harvard Educational Review*, **39**(1), 1-123.

Kamin, J. L. (1974). *The science and politics of IQ*. Oxford, UK: Lawrence Erlbaum Associates. [岩井勇児（訳）(1977). IQの科学と政治　黎明書房]

柏木哲夫（1995）. 死を学ぶ：最後の日々を輝いて　有斐閣

小嶋秀夫（1989）. 子育ての伝統を訪ねて　新曜社

小嶋秀夫（2001）. 心の育ちと文化　有斐閣

Kohlberg, L. (1969). Stage and sequence: The cognitive-developmental approach to socialization. In D. A. Goslin (Ed.), *Handbook of socialization theory and research*. Chicago, IL: McNally. [永野重史（監訳）(1987). 道徳性の形成：認知発達的アプローチ　新曜社]

Kohlberg, L. (1971). From is to ought: How to commit the naturalistic fallacy and get away with it in the study of moral development. In T. Mischel (Ed.), *Cognitive development and epistemology*. New York: Academic Press.

Kohlberg, L. (1976). Moral stages and moralization: The cognitive-developmental approach. In T. Lickona (Ed.), *Moral development and behavior: Theory, research, and social issues*. Austin, TX: Holt, Rinehart & Winston.

宮川充司（2005）. 熊野観心十界曼荼羅とそのルーツ（Ⅰ）――「おいのさか」と生涯

発達観――　椙山女学園大学研究論集（人文科学篇）, **36**, 45–55.
宮川充司（2008）．熊野観心十界曼荼羅とそのルーツ（Ⅳ）――産屋の表現形態――　椙山女学園大学研究論集（人文科学篇）, **39**, 115–125.
宮川充司（2009）．熊野観心十界曼荼羅とそのルーツ（Ⅴ）――「子は三界の首枷」考――　椙山女学園大学研究論集（人文科学篇）, **40**, 75–86.
村田孝次（1989）．生涯発達心理学の課題　培風館
仲野　徹（2014）．エピジェネティクス――新しい生命像をえがく――　岩波書店
根井　浄・山本殖生（2007）．熊野比丘尼を絵解　法蔵館
西岡亜紀（2009）．いわゆる〈人生の階段図〉に関する一考察――日本の絵解きとの比較研究の視座を模索する――　絵解き研究, **22**, 106–118.
小栗栖健治（2011）．熊野観心十界曼荼羅　岩田書店
大藤ゆき（1982）．子どもの民俗学：一人前に育てる　草土社
大隅典子（2016）．脳からみた自閉症――「障害」と「個性」のあいだ――　講談社
Schaie, K. W., & Willis, S. L. (2002). *Adult development and aging* (5th ed.) Upper Saddle River, NJ: Pearson Education.［岡本秀樹（訳）（2006）．成人発達とエイジング　第5版　ブレーン出版］
副島羊吉郎（1972）．学業成績と遺伝――双生児法による――　佐賀大学教育学部紀要, **20**, 51–66.
Suzman, R., & Riley, M. W. (1985). Introducing the “oldest old”. *Milbank Memorial Fund Quarterly: Health and Society*, **63**, 177–185.
土屋賢二（2018）．最新の自閉スペクトラム症研究の動向――①疫学（有病率）研究，環境因子研究，計算論的モデル研究を中心に――　そだちの科学, **31**, 10–17.
Zimbardo, P. B. (1980). *Essentials of psychology in life* (10th ed.) Glenview, IL: Scott, Foresman.［古畑和孝・平井　久（監訳）（1983）．現代心理学　第10版　Ⅰ–Ⅲ　サイエンス社］

# 第2章 胎児期から乳児期へ

本章では，胎児期から乳児期の発達についてみていく。

## 第1節　胎児期の発達

受胎から出産までの40週間は，3つの発達段階として考えられている。第一段階は，受胎から子宮への着床までの受精後8-10日であり，卵体期と呼ばれる。第二段階は，着床後から主要な器官が形成されるまでの在胎8週までであり，胎芽期と呼ばれる。その後出生までの期間を胎児期と呼ぶ。本節では，この胎児期の発達についてみていく。

### (1) 胎児の感覚能力・学習能力

現代の医療技術の発展により，胎児の感覚能力について多くの知見が蓄積され，胎児がさまざまに環境の影響を受けていることが明らかになってきた。平衡をつかさどる感覚は受胎後5か月ほどで機能しはじめ（Hepper, 1992），胎児は羊水の中で母親の姿勢の変化を感じていると考えられている。また，在胎26週になると，母親のお腹に光をあてた時に，心拍が変化し，動きを見せることから，胎児は光に反応すると考えられている（Hepper, 1992）。さて，胎児が聴覚を使用した学習をしていることを示した研究（DeCasper & Spence, 1986）がある。まず，妊婦に妊娠後期の6週，童話を1日2回朗読してもらった。すなわち，胎児は，生まれる前までに総計3時間30分童話を聞いた。誕生後2-3日齢で，新生児の吸啜（きゅうてつ）反射行動のベースラインをとった後，吸啜行動の速さを変化させることによってレコーディングされた童話を聞くことができるように新生児を条件づけた（半数の乳児は吸啜行動を増加させることで，残りの半数は吸啜行動を減少させることで，童話を聞くことができるように条件づけた)。すると，テスト試行で，出生前に聞いたものと同じ童話が提示された新生児は，童話が聞こえなくなると（童話を聞くために）吸啜行動の速さを調節した。一方，新しい童話が提示された新生児は，そうしたことはしなかった。この実験結果から，新生児は胎内にいる時に母親が読む童話を聞いていたのであり，胎内におけるこうした学習が誕生後の音声の選好に影響を与えたと考えられた。胎児は，このように，聴覚による学習をもしていると考えられている。

## 第2節　新生児期の発達

人間の新生児は，人間のもつほとんどの基本的感覚を経験できるように生物学的に準備されて生まれてくるといった意味において，有能な生活体である。嗅覚（きゅうかく）に関しては以下の知見が得られている。新生児のニンニクや酢の臭いに対する反応とカンゾウやアルコールの臭いに対する反応とでは違いが見られることから，新生児は臭いを嗅ぎ分けていると考えられている（Engen, Lipsitt, & Kaye, 1963)。そして，生後8日齢から10日齢になると自分の母親の母乳の匂いを好むようになることも知られている（MacFarlane, 1975)。味覚に関しては，酸っぱさよりも甘みを好むこと（Lipsitt, 1977）や，甘さ・酸っぱさ・苦さの味覚を感じた時に示す表情が成人のそれとまったく同じであること（Rosenstein & Oster, 1988）などがわかっている。触覚については，違った触刺激を弁別できるかなど詳しいことはわかっていないが，触れられると身体を動かすことから，新生児が触覚を備えている（Lipsitt & Levy, 1959）ことは確認されている。次に，新生児の視覚能力と聴覚能力についてみていく。

### (1) 対人関係を築くのに十分な視覚能力

新生児は強度の近視である。すなわち，目から30 cm離れたところにある2.5 mm幅の黒と白の縞模様を縞模様と認識することはできるが，それよりも幅の狭い縞模様は，ぼやけて灰色との区別がつかなくなるくらいの視力である

(Slater, 1989)。しかし，新生児の視力が悪いことは，大きくなってからあるいは成人になってから視力が悪いことに比べれば，それほど不利なことではない。なぜなら，新生児は，成人のように自分で動くことをしないばかりか，頭を自ら起こしておくこともできないので，遠くの視覚的情報が得られなくてもそれほど支障はないからである。ところで，目から30 cm離れた距離というのは，母子関係の成立にとって重要であるとされる，母親とのアイコンタクトには十分な距離である（Stern, 1977)。こうした観点で考えれば，新生児の視力は対人関係を築くのには十分な視力と言ってもよいであろう。

さて，7-8か月になって乳児が自分で這うことができるようになると，乳児の視力は成人の視力に近くなる（Haith, 1990）ことが知られている。

### (2) 鋭敏な聴覚能力

誕生時の新生児の言語音の知覚能力には驚くべきものがある。新生児は，/p/と /b/ の音素を聞き分けている（/pa/ と /ba/ の言語音を識別している）ことが明らかにされている（Eimas, Siqueland, Jusczyk, & Vigorito, 1971)。これは，以下のような慣れ（繰り返し同じ刺激を与えると飽きてくるという現象）を利用した実験によって確認された。まず，新生児の吸啜行動のベースラインを測定しておく。その後，吸啜行動をするたびに /pa/ を聞かせる。すると，始めのうちは，あたかもそうした音が提示されるのに興味を示すように，新生児の吸啜行動を行う率が増加する。しかし，間もなくすると，ベースラインまで落ちてくる。新生児が，このように /pa/ に完全に慣れを示したところで，/ba/ を提示した。すると，再び新生児は急速に吸啜行動を始めたのである。ところで，新生児は，この他のさまざまな言語の音素をも識別することができる。たとえば，日本人の新生児は，日本人の成人には困難な /r/ と /l/ の区別ができる。ところが，こうした音素の識別能力は，6-8か月齢頃から，母国語でのみ使用される音素に限定されたものとなっていくことがわかっている(Eimas, 1985)。

### (3) 人間の新生児の特殊性

このように，人間の新生児は誕生時から必要な感覚能力のすべてを備えているきわめて優秀な生活体であるという点において，他の高等哺乳類の新生児と類似している。だが，以下の点で，人間の新生児は，高等哺乳類の新生児に当てはまる法則からかけ離れた特別の存在である（Portmann, 1951）。ポルトマンは，以下のように指摘している。人間以外の高等哺乳類の新生児の体の割合は，特に頭の大きさの割合が少しずれていることを除いては，成育した親の姿そのままを小さくした縮図であり，その運動や行動は親に大変よく似ている。そのうえ，その種特有のコミュニケーションの手段を備えている。もし人間の新生児がこうした高等哺乳類の新生児に当てはまる法則に従うならば，人間の新生児は，その体の大きさの割合は大人に似ていて，種特有な直立姿勢をとり，そのうえ少なくともわれわれのコミュニケーションの手段としての言語（と身振り語）を備えているはずである。しかし，この段階に達するのに，人間は生後ほぼ1年かかる。そうだとすると，人間の新生児が他の高等哺乳類の新生児並みに発達するには，われわれ人間の妊娠期間が現在よりもおよそ1か年のばされる必要がある。このように考えたポルトマンは，人間の新生児がおよそ1年の生理的早産で生まれてくると言ったのである。

## 第3節　乳児期の発達

### (1) 認知の発達

必要な感覚能力を備えて生まれてくる乳児は，誕生直後から，外界の刺激に対して反応すると同時に自ら周りの環境に対して働きかける。乳児は感覚器官を使用した動作によって認知活動を行いながら，自らの認知様式を発達させていく。たとえば，24人の乳児に対して6か月時，11か月時，16か月時で縦断的に実験的観察を行った研究（Acredolo, 1978）は，以下のことを示した。まず，乳児は，2つの窓だけがある部屋の中の丸いテーブルに向かって座らされる。この部屋には，乳児の右と左それぞれに窓があり，そのうちのどちらか一方は大きな星のマークで囲まれている。ブザーが鳴ると実験者が星の窓から現れるという試行が5回繰り返された後，乳児は，180度回転して，テーブルの反対側に座らされる（星の窓は，以前とは反対側になる）。さて，実験試行でブザーが鳴った時，子どもはどちらを見るだろうかが観察された。この場合，もし乳児が星の窓を見たならば，乳児は正しい場所を覚えていたことになる。一方，もし乳児が星のない窓を見たならば，乳児は自分がどちらの方向に首を動かしたかという動作によって場所を覚えていたことになる。結果は以下のとおりであった。6か月齢の時は，83％の乳児が星のない窓を見た。11か月齢の時は，50％の乳児が星のない窓を見た。16か月齢の時は，17％の乳児が星のない窓を見た。すなわち，年少の乳児は自分の動作に依存しながら外界を認知していたのである。このような乳児期に特徴的な認知の在り方が，ピアジェ（J. Piaget）によって，感覚運動的知能と呼ばれたものである。さて，ピアジェは，この感覚運動的知能の発達を，表2-1にみるように，6つの下位段階に区分して考えている。

乳児は，ものが目の前から消えてもそれはこの世界からなくなってしまったのではないということ（ものの永続性）を，徐々に理解するようになる。この発達段階は，感覚運動的知能の発達段階にほぼ対応しており，表2-1にみるような経過をたどることが，ピアジェにより，確かめられている。ところで，ピアジェは，感覚運動期においては乳児の行為が彼らの認識をかたちづくると考えたので，乳児が見えなくなった物を積極的に探そうとし始めるまでは，「視界から消えた物でも存在し続けることを乳児が理解している」と推測することはできないという立場に立っている。つまり，8か月齢に達するまでは乳児にはものの永続性が獲得されないと考えている。しかし，その後，乳児はもっと早期にものの永続性を獲得しているが，ピアジェが考案した標準的なものの永続性テストは課題が難しいので，それが正しく測定できないのではないかという議論がなされるようになった。すなわち，標準的なものの永続性テストは隠された物の覆いを取り去りその物に手を伸ばしてつかむという動作を要求するので，動作の未熟な年少の乳児は自分の動作を注意深くモニターしなければならず，物への注意が阻害されその物を忘れてしまうのではないかとの議論である。そこで，より単純な行為である乳児の驚愕（きょうがく）反応を行動指標に使用した研究が行われるようになった。それらの結果から，実際には乳児は，4か月齢に達する頃までにはものの永続性を理解すると考えられている。さて，9か月齢になる頃には，乳児の物に手を伸ばしたりつかんだりする動作は洗練されたものになり，乳児はもはや自分のそうした動作に特別の注意を払う必要はなくな

**表 2-1　感覚運動的知能の発達段階とものの永続性の発達段階**（Cole & Cole, 1996 に加筆）

| 下位段階 | 月齢 | 感覚運動的知能の特徴 | ものの永続性の発達 |
|---|---|---|---|
| 第1段階 | 0-1 | 反射の段階<br>口唇探索反射・吸啜反射・把握反射・注視など | 乳児は，視界から物が消えると，それを探そうとしない。 |
| 第2段階 | 1-4 | 第1次循環反応の段階<br>行為それ自体に興味があり，その行為を繰り返す。 | 乳児は，視界から物が消えると，それが消えた場所に注意を向けている。 |
| 第3段階 | 4-8 | 第2次循環反応の段階<br>活動とそれが引き起こした環境の変化との関係に注意を向ける。環境に興味ある変化を引き出すためにその活動を繰り返す。 | 乳児は，部分的に隠れている物は探そうとするが，完全に物が隠れてしまうと探すことをやめてしまう。 |
| 第4段階 | 8-12 | 第2次循環反応の協応の段階<br>目的を達するために，いくつかの第2次循環反応を協応させる。望ましい結果を得るために複数のシェマを結合させることが必要になるので，問題解決の初期の形態と考えられる。 | 乳児は，完全に視界から消えた物でも，それはどこかに存在しているということを知っているかのように，探そうとする。しかし，隠れた物を探す時に，A-not-B error と呼ばれる間違いを犯す。A-not-B error とは，失われた物をある場所で見つけると，それが別の場所へ移されるのを見ていても，以前と同じ場所を探すという間違いである。すなわち，以下のような乳児の行動が見られる。カバーAの下にある物を隠す。すると，乳児は，それを探し出す。次に，乳児が見ている前で，それをカバーBの下に隠す。探すことが許されると，乳児はカバーAの下を探す。 |
| 第5段階 | 12-18 | 第3次循環反応の段階<br>自分の行為の仕方を体系的かつ柔軟に変化させることによって，さまざまな「(対象の本質を) よく調べるための実験」を行う。 | 乳児は，物が別の場所に移されているのを見ていれば，移動された場所を探す。しかし，乳児が見ていないうちに物を移動させると，探すのをやめてしまう。自分が最後に隠されるのを見た場所にその物を見つけることができないと，それがどこか（近くの）他の場所にあるはずだとは考えず，探すのをやめてしまう。 |
| 第6段階 | 18-24 | 表象の始まり<br>対象をイメージとして頭の中に思い描くことができ，延滞模倣が可能になる。心的結合（洞察）による問題解決が可能になる。 | 乳児は，目の前から物が消えても，それは必ずどこかに存在すると確信しているかのように探す。「自分がここだと思った所には見つからなかったけれど，どこかにきっとある」と考え，その物が見つかるまで，ありそうな場所を秩序だてて探す。 |

る。ゆえに，乳児は，自分の動作をモニターすることに注意をそがれることがなくなるので，隠された物の場所を記憶することが容易になる。さらに，乳児の記憶力そのものも発達するので，完全に隠れてしまったものでも探し出すことができるようになる（Cole & Cole, 1996）。

### (2) 認知の発達をもたらすもの

乳児は，やがてつかまり立ちができるようになり這い始める。こうした「移動するという行為」によって，乳児は，自分の身体をどのように動かしたらよいかを学ぶだけでなく，周りの物に対してもっている自分の認識を変えていく。まず，「移動するという行為」が空間の理解と結びつくことを証明した，猫を被験体にした古典的研究（Held & Hein, 1963）を紹介しよう。完全な暗闇で育てられた猫が，歩けるくらい大きくなったところで，2匹をペアにして図2-1のような実験装置での経験を与えた。1匹の猫がメリーゴーランドを引っ張り，もう1匹の猫はゴンドラに乗って運ばれた。メリーゴーランドを引っ張った猫は，自分で歩くので，自分が見たものを情報として利用してどのように動くかを統制することができた。また，どのように動くかによって何を見るかを決めるという経験もできた。ゴンドラに乗って運ばれた猫は，自分が見たものと能

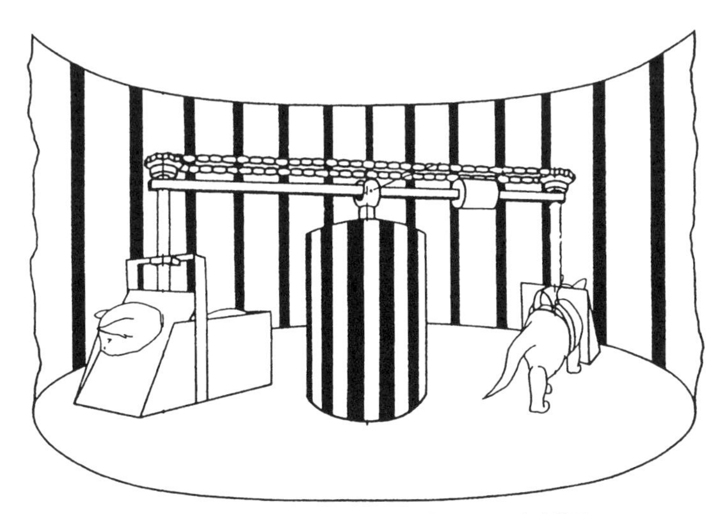

図2-1　Held & Hein（1963）で使用された実験装置

動的に関わるという経験をもつことができず，この猫の経験は，メリーゴーランドを引っ張る猫の行為によって統制されていた。2匹の猫は，このようにメリーゴーランドでの経験を日に3時間もち，それ以外の時間は暗闇で過ごした。42日間が経過したところで，2匹の猫を視覚的断崖（図2-2参照）の上に降ろしてみた。すると，自らメリーゴーランドを引っ張って動いた猫は，崖から後ずさり，着地するために適切に足を伸ばしたが，運ばれていた猫は，深い側を避けようとせず，着地するための適切な行動をとろうとしなかった。すなわち，猫自らが歩くという行為が奥行き知覚の発達に結びついたと考えられた。

このような「移動するという行為」が奥行き知覚の認識を促すという知見は乳児研究でも確かめられている（Bertenthal, Campos, & Barrett, 1984）。この研究では，ハイハイを始める前の5か月齢の乳児・ハイハイをするようになった5か月齢の乳児・未だハイハイを始めていないが歩行器に入って「移動する」経験をした5か月齢の乳児で，比較検討がなされた。その結果，ハイハイをする乳児や歩行器で移動を経験した5か月齢の乳児は，視覚的断崖に降ろされた時に心拍数を増加させた（恐れを示した）が，ハイハイを始める前で移動の経験がない5か月齢の乳児は心拍数が減少した（心拍数の減少は注意状態にあることを表すので，乳児は深さを知覚はしたが恐れはしなかった）。この結

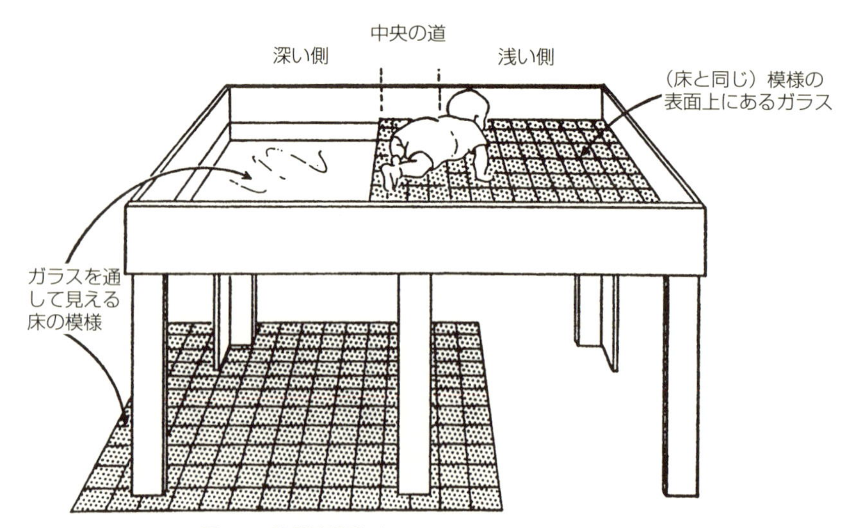


**図2-2　視覚的断崖**（Walk & Gibson, 1961による）

果から，同じ月齢であっても，自ら移動するという経験をした乳児は高さを恐れることが示された。また，「移動するという行為」は，隠された物の位置を記憶するという乳児の認知能力を高めているという研究結果も得られている。カーモイアンら（Kermoian & Campos, 1988）は，8.5か月児を対象にものの永続性の実験を行った。実験は，①1枚の布の下に半分だけ隠された物体を探し出す，②1枚の布の下に完全に隠された物体を探し出す，③同一の2枚の布のうちの1枚の下に隠された物体を探し出す，④隠してから探し始めるまで3秒でA not B課題を行う，⑤隠してから探し始めるまで7秒でA not B課題を行う，といった課題の通過率を見るものである。その結果，ハイハイをしている乳児と歩行器で動き回ることを経験した乳児は，移動経験がない乳児に比較して，成績が良かった。また，実験時点で5-8週間の移動経験の乳児は，9週間以上移動経験がある乳児よりは成績が悪いが，1-4週間の移動経験の乳児よりは成績が良かったのである。

このように，乳児は，自ら行う感覚運動的動作を通して，自分の周りの事物に対する認識を深め，認知構造そのものを発達させていると考えられている。そして，2歳の誕生を迎える頃には，萌芽的な形ではあるが人間のほとんどの知的能力が現れる。すなわち，子どもは，試行錯誤だけではなく洞察によって課題解決ができるようになり，表象を獲得する。

### (3) 対人関係の形成

乳児は生後まもなく第一次的養育者（母親）に対して特別の感情を抱くようになる。この特別の感情のことをボウルビィ（J. Bowlby）は「愛着（アタッチメント；attachment）」という概念で説明した（Bowlby, 1969）。ボウルビィは，以下のように言っている。乳児は，成人との接近や接触を求める生物学的傾性をもって誕生する。人間の成人への接近・接触要求行動は学習によって獲得したものではなく，生得的なものである。このことは，新生児の把握反射などにその行動パターンを見ることができる。また，乳児の泣き・微笑・喃語は，成人を乳児に接近させ乳児の近くに維持させる機能をもつし，それらは，乳児の側から見れば，略奪や遺棄から保護される機能をもつ。したがって，「愛着」の形成には，生理的充足の経験を学習するといったことは必要ではない。「愛着」は，新生児が誕生当初よりもっている生得的行動（吸う・しがみつく・泣くなど）が自己の働きかけに対して適切に応答する対象に向けられるようになり，やがてその対象を選択しその対象に対して感じるようになった情愛的感情である。

ボウルビィによれば，乳児は最初の誕生日までに第一次的養育者に愛着を形成する。しかし，その愛着の質には個人差があることが短期縦断研究によって明らかにされている（Ainsworth, Blehar, Waters, & Wall, 1978）。それによれば，愛着のパターンには，次の3つが観察されると言う。

①母親に対して安定した愛着をもつ（パターンB）。

②母親に対して不安定な愛着をもち，回避的である（パターンA）。

③母親に対して不安定な愛着をもち，反抗的である（パターンC）。

さて，母親に安定した愛着を形成しているパターンBの子どもに特徴的なのは，探索行動や遊びの時に安全基地として母親を利用する行動である。すなわち，「お母さんがここにいるのなら，ぼくはあっちで遊んでいよう。こわくなればお母さんのところに戻ればよいのだ」というように，母親をあたかも安全基地として利用するかのように活発に遊び，周りの事物に興味をもつという行動である。この愛着の質は，2回の母子分離・再会場面を設定した8つのエピソードからなるストレンジシチュエーション法（strange situation procedure: SSP）という実験観察法によって測定が可能である。

SSPは実験手続きと評定法がマニュアル化されているため，アメリカ以外の文化圏においても愛着を測定する便利な実験手法として広く使われてきた（Van Ijzendoorn & Kroonenberg, 1988）。ところが，同じ実験場面を設定しているにもかかわらず，文化圏ごとに乳児の愛着の質の分布，すなわち，A（不安定回避型）・B（安定型）・C（不安定抵抗型）に分類される人数の分布がかなり違う。旧西ドイツではAに分類される乳児の数が多く，日本・イスラエルはAは少なくCが多い。こうした文化間における分布の違いは，SSPが乳児の愛着行動を誘発する適度なストレスとしてどの文化でも同じように機能しているのだろうかという観点から議論されるようになった。すなわち，旧西ドイツにおいては乳児の寝室は両親の寝室とは別室になっているし，子どもの自律性を要求する傾向が育児スタイルにおいて見られる。一方，イスラエルのキブツにおいては乳児が見知らぬ大人と交わるといったことは日常あまり起きない。また，日本では母子が密着していることが多く乳児が母親と離れ一人置いておかれるといったことは稀である。このように，生後1年間の乳児の経験は文化によって違うので，愛着行動を誘発する「適度な」ストレスは文化によって違うのではないかという議論である。

SSPによる実証研究が進むなかで，再会場面において不可解で説明不可能な奇妙な行動をとる，従来の3分類には分類不可能な行動パターンを示す子どもたちが注目されるようになる。再分析を行ったのはメインら（Main & Solomon, 1986）である。その結果，無秩序・無志向型（disorganized/disoriented：D型）とされたこの第4の愛着パターンは，不合理で相矛盾する行動，目標が推察できない混乱した方向性をもたない行動をとり，「分離ストレスに対処するための一貫して組織化された方略の欠如」に特徴がある。具体的行動としては，顔をそむけつつ母親に接近する，強い分離抵抗を示しドアのそばに寄り母親を求めるが再会時には離れている，見知らぬ人の存在に怯えた表情を示しながらも母親から離れる等である。従来のA・B・Cタイプは，自分が危機に陥った時愛着対象をどのように利用するかにおいてある一定の方略をもっているという点で健全なのだが，Dタイプはその方略すらもてないという意味において問題だと考えられている。

さて，乳児期に形成された愛着の質は，その後の人間関係のもち方に影響を与える（Bowlby, 1969）。なぜなら，初期の愛着体験に基づいて，個人は愛着の内的ワーキングモデルを形成するからである。すなわち，母親に対して安定した愛着を形成できれば，愛着対象に対する内的ワーキングモデルは「自分が保護を求めればそれに応じてくれるし，いざという時には必ず助けてくれる人だ」となり，それが対人関係を築くときの内的ワーキングモデルとして働き，「世間は自分が保護を求めればそれに応じてくれるし，いざという時には必ず助けてくれる」という世間一般についてのワーキングモデルが構築されると考えられる。また，母親に安定した愛着を形成した子どもは，「自分という人間は，愛着対象からいつでも助けを得ることができるような価値のある存在だ」という自己に対する内的ワーキングモデルができあがり，それが対人関係を築く時にも「自分という人間は，世間から助けられるに値する人間だ」という確信につながる。つまり，個人は，初期の愛着体験から，自分自身と他人から何を期待できるかを学び，人とのやりとりから生まれる情緒的結果がどのようなものであるかを学ぶ。また，安全を維持・再構築するのに必要とされる行動的レパートリーを学ぶ。そして，個人は，現在の人間関係を方向づけたり理解したりするために，その内的ワーキングモデルに頼ると考えられている。

### (4) 乳児の気質的個人差

子どもは，乳児期から個性をもった存在である。沐浴・食事・遊びなどをする時によく身体を動かす子どももいれば，おとなしい子どももいる。睡眠・食事・排泄などの生理リズムに規則性が見られる子どももいれば，そうした生理リズムに波の見られる子どももいる。人見知りの激しさには個人差が見られるし，新しい環境や環境の変化への順応性にも個人差が見られる。また，感情表出の強さも，子どもによってかなり違う。いつも機嫌よくしている子どももいれば，泣いたりぐずったりしやすい子どももいる。注意をそらしたり気を紛らわしたりしにくい子どもがいるかと思えば，同じ活動に集中していられない子どももいる。また，感覚刺激に対する閾値や環境の変化などに対する感受性には非常に個人差が見られる。このように，乳児期における子どもの行動のパターンには，はっきりとした個人差が見られる。そして，この乳児期に見られる個人差はある程度の安定性を保つことが明らかになっており，「気質」という概念でとらえられている。すなわち，「気質」とは，体質的なものであり，乳児期に表れ，ある程度の連続性をもつ，客観的に判断できる個人差である。

この乳児の気質的個人差は，母親の精神的健康に影響を及ぼしたり，母親の養育行動に影響を与えたりしていることがわかってきている。まず，母親の精神的健康に関して気質との関連を見た研究は以下の結果を報告している。4か月齢の自分の子どもを気質的に扱いにくいと報告する母親は，その子どもが14か月になった時点で調査すると抑うつ的になる傾向があった（Wokind & De Salis, 1982）。乳児をもつ母親の精神的健康は，子どもの気質的扱いにくさ，配偶者からどの位サポートが受けられるかということ，配偶者に対して感じる満足感の3つの要因から説明された（Levitt, Weber, & Clark, 1986）。乳児をもつ親が抑うつの症状を訴える傾向は自分の子どもを気質的に扱いにくい子どもであると認識していると強くなっていた。社会経済的地位の高い親ほど，自分の子どもがなだめにくく少々のことで機嫌が悪くなると認識する傾向にあり，抑うつ症状を訴えることが多かった（Ventura & Stevenson, 1986）。母親が子どもを気質的に難しい子どもだと認識することと親としての効力感を感じる程度に負の相関があった（Gross, Conrad, Fogg, & Wothke, 1994）。次に，母親の養育行動と子どもの気質との関連を見た研究は以下の結果を報告している。子どもの気質的扱いにくさは6か月齢から24か月齢で比較的安定して見られた。また，それら気質的扱いにくい子どもの母親は，24か月齢の時の家庭での母子観察の結果，他の子どもをもつ母親に比べて，子どもの行為を禁止したり注意をすることが多かったし同じ注意を何度もしたり子どもを直接押さえつけたり物を取り上げたりと強い方略をとっていた（Lee & Bates, 1985）。このように，乳児の気質的個人差は，母親の精神的健康や養育行動に影響を与えており，母親との関係性を形成するうえでのひとつの要因となりうる。

### ■参考文献

Cole, M., & Cole S. R. (1996). *The development of children* (3rd ed.) New York: W. H. Freeman & Company.

Mussen, P. H., Conger, J. J., & Kagan, J. (1974). *Child development and personality* (4th ed.) New York: Harper & Row.［三宅和夫・若井邦夫（監訳）(1984). 発達心理学概論Ⅰ・Ⅱ　誠信書房］

大薮　泰（1992). 新生児心理学：生後4週間の人間発達　川島書店

### ■引用文献

Acredolo, L. (1978). Development of spatial orientation in infancy. *Developmental Psychology*, **14**, 224-234.

Ainsworth, M. D. S., Blehar, M. C., Waters, E., & Wall, S. (1978). *Patterns of attachment: A psychological study of the strange situation*. Hillsdale, NJ: Lawrence Erlbaum Associates.

Bertenthal, B. I., Campos, J. J., & Barrett, K. C. (1984). Self-produced locomotions: An organizer of emotional, cognitive and social development in infancy. In R. Emde , & R. Harmon (Eds.), *Continuities and discontinuities in development*. New York: Plenum Press. pp. 175-210.

Bowlby, J. (1969). *Attachment and loss*. Vol. 1.: *Attachment*. New York: Basic Books.［黒田実郎・大羽　蓁・岡田洋子・黒田聖一（訳）(1976/1991). 母子関係の理論　1

愛着行動　岩崎学術出版社]
Cole, M., & Cole, S. R. (1996). *The development of children* (3rd ed.) New York: W. H. Freeman & Company.
DeCasper, A. J., & Spence, M. J. (1986). Prenatal maternal speech influences newborn's perception of speech sounds. *Infant Behavior and Development*, **9**, 133–150.
Eimas, P. D. (1985). The perception of speech in early infancy. *Scientific American*, **204**, 66–72.
Eimas, P. D., Siqueland, E., Jusczyk, P., & Vigorito, J. (1971). Speech perception in infants. *Science*, **171**, 303–306.
Engen, T., Lipsitt, L. P., & Kaye, H. (1963). Olfactory responses and adaptation in the human neonate. *Journal of Comparative and Physiological Psychology*, **56**, 73–77.
Gross, D., Conrad, B., Fogg, L., & Wothke, W. (1994). A longitudinal model of maternal self-efficacy, depression, and difficult temperament during toddlerhood. *Research in Nursing and Health*, **17**, 207–215.
Haith, M. M. (1990). Progress in the understanding of sensory and perceptual processes in early infancy. *Merrill Palmer Quarterly*, **36**, 1–26.
Held, R., & Hein, A. (1963). Movement-produced stimulation and development of visually guided behaviors. *Journal of Comparative and Physiological Psychology*, **56**, 872–876.
Hepper, P. G. (1992). Fetal psychology: An embryonic science. In J. G. Nijhuis (Ed.), *Fetal behavior: Development and perinatal aspects*. New York: Oxford University Press. pp. 120–156.
Kermoian, R., & Campos, J. J. (1988). Locomotor experience: A facilitator of spatial cognitive development. *Child Development*, **59**, 908–917.
Lee, C. L., & Bates, J. E. (1985). Mother-child interaction at age two years and perceived difficult temperament. *Child Development*, **56**, 1314–1325.
Levitt, M. J., Weber, R. A., & Clark, M. C. (1986). Social network relationships as sources of maternal support and well-being. *Developmental Psychology*, **22**, 310–316.
Lipsitt, L. P. (1977). Taste in human neonates: Its effects on sucking and heart rate. In J. M. Weiffenbach (Ed.), *Taste and development: The genesis of sweet preference*. Washington, DC: U. S. Government Printing Office.
Lipsitt, L. P., & Levy, N. (1959). Electrotactual threshold in the neonate. *Child Development*, **30**, 547–554.
MacFarlane, A. (1975). Olfaction in the development of social preferences in the human neonate. In *Parent-infant interaction* (CIBA Foundation symposium 33). New York: Elsevier. pp. 103–117.
Main, M., & Solomon, J. 1986 Discovery of an insecure-disorganized/disoriented attachment pattern. In T. B. Brazelton, & M. W. Yogman (Eds.), *Affective development in infancy*. Westport, CT: Ablex Publishing. pp. 95–124.

Portmann, A. (1951). *Biologische Fragmente zu einerLehre vom Menschen* (2nd ed.) Basel: Schwabe. [高木正孝（訳）(1961). 人間はどこまで動物か――新しい人間像のために―― 岩波書店]

Rosenstein, D., & Oster, H. (1988). Differential facial responses to four basic tastes in newborns. *Child Development*, **59**, 1555-1568.

Slater, A. (1989). Visual memory and perception in early infancy. In A. Slater, & G. Bremner (Eds.), *Infant development*. Hillsdale, NJ: Lawrence Erlbaum. pp. 43-72.

Stern, D. (1977). *The first relationship*. Cambridge, MA: Harvard University Press.

Van Ijzendoorn, M. H., & Kroonenberg, P. M. 1988 Cross-cultural patterns of attachment: Meta-analysis of the strange situation. *Child develpment*, **59**, 147-156.

Ventura, J. N., & Stevenson, M. B. (1986). Relations of mothers' and fathers' reports of infant temperament, parents' psychological functioning, and family characteristics. *Merrill Palmer Quarterly*, **32**, 275-289.

Walk, R. D., & Gibson, E. J. (1961). A comparative and analytical study of visual depth perception. *Psychological Monographs: General and Applied*, **75** (15), 1-44.

Wokind, S. N., & De Salis, W. (1982). Infant temperament, maternal mental state and child behaviour problems. In R. Porter, & G. M. Collins (Eds.), *Temperamental differences in infants and young children*. London: Pitman. pp. 221-239.

# 第3章 幼 児 期

幼児期は，食事，運動，言葉など，発達上，行動上，乳児期と区別すべき顕著な違いがある。すなわち，離乳，歩行，発語（言葉を発すること）などである。これらはおよそ1歳頃から2歳までの間に完成形を形成することが多い。また，幼児期の終わりには身辺的自立といわれる生活の自立の獲得と同時に，義務教育が開始される就学期の始まりが生じる。幼児期は，食事などの身辺的自立が第1の獲得目標となるのである。また運動技能や言語の獲得にも顕著な発達がみられる。さらに，物語の理解が進み，イメージをふくらませることができるようになるし，仲間関係も著しく発達する。

英語においては，baby（赤ん坊），infant（乳児，幼児），toddler（よちよち歩きの子ども），young child（小さい子ども），preschooler（就学前の子ども）などの単語が存在し，それぞれの語が意味する年齢幅に違いがある。もちろん英語と日本語では意味が完全に一致しない単語もある。またそもそも幼児期は何歳からなのか，に関する人々の考え方には多少の違いがある。ちなみに児童福祉法での定義は，乳児は「満1歳に満たない者」，幼児は「満1歳から小学校就学の始期に達するまでの者」，児童は「18歳に満たない者」である。しかし幼児期とは何か，いつからなのかという問題に対する返答としては，年齢よりもむしろ発達や行動の違いに注目して判断する方が意義があるのではないかと答えられるだろう。

## 第1節　思考の発達：認知発達

幼児には大人とは異なる独特な思考様式がある。

ここでは幼児期の認知発達において段階的な発達の立場から，有名な研究を行ってきたピアジェ（J. Piaget）の理論を中心に扱うこととする。

ピアジェは2，3歳から6，7歳までの幼児期を前操作期と呼んだ。この時期には特徴的な思考や認知がみられる。

### (1) 前概念的思考（2-4歳）

この段階では言葉を使った象徴的活動が本格化する。しかしこの時期の言葉は大人の言葉とは異なりまだ真の概念としての機能を十分に備えていない。概念の獲得以前の思考の段階という意味で，前概念的思考の段階と呼ぶ。

たとえば「いぬ」という言葉が自分の家にいる犬だけを指していたり，猫のような犬と同類の動物に見えるものに対してまで用いられる時期がある。また上位－下位の分類の概念が十分に確立していない。したがって大人のような演繹的な推理ができない。転導推理と呼ばれる，特殊から特殊への推理しかできない独特な思考様式である。

こうした幼児期の思考は大人からみると間違ったものであるが，子どもにとってはこうした思考の時期が次の発達にとって重要な意味をもってくるのである。

### (2) 直観的思考（4-7歳）

思考したり，ものを分類したり，状況を理解したりする時に，その場の知覚の目立った特徴に左右されやすい。論理的ではなく，見た目によって直観的に思考するので，直観的思考と呼ぶ。

ピアジェの保存課題（図3-1）が正しくできない。たとえば液量の保存課題では同形同大の2つのコップ（A，B）に入っている同量の水のうち，一方のコップ（B）の水を長くて細い別のコップ（C）に移し替えると，液面の高さが元の高さよりも高くなったという知覚的な変化に影響を受けて，液量が多くなったと判断してしまう。また高さが低いが幅の大きいコップ（D）に水を入れ替えると，液面の高さが元の高さよりも低くなったという知覚的な変化に影響を受けて，液量が少なくなったと判断してしまう。

また数の概念の課題（図3-2）では，はじめの状態（AとBのおはじきの列

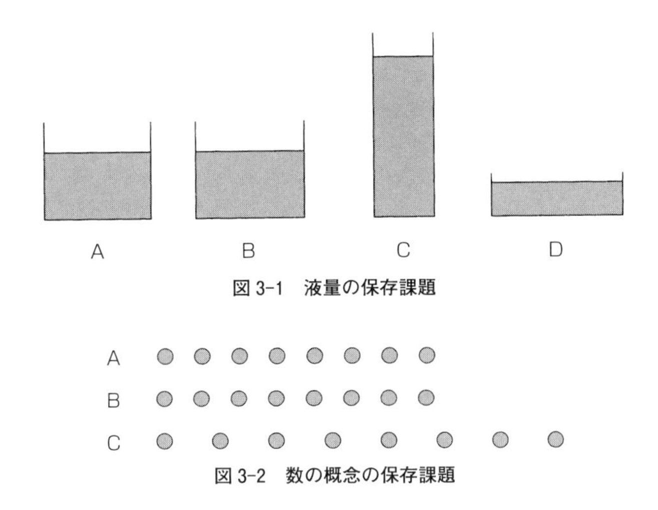


図3-1　液量の保存課題

図3-2　数の概念の保存課題

が並んでいる状態を幼児は見る）において同数であることを判断できても，おはじきの間隔が広がってしまうと（BがCのように並び変えられてAとCの比較をする場面）その知覚的な変化に影響を受けて，おはじきが多くなったと答えてしまう。一見したところこの課題は大人の質問の理解の問題のようにみえるかもしれないが，1対1対応という数概念の基本が形成されているかどうかという認知的な発達課題を含んでいるのである。

またピアジェの「3つの山問題」と呼ばれる空間課題（図3-3）では高さの異なる3つの山が図のように位置しているときに，Aにいる幼児に対してB，C，Dといった他の場所に人形を置き，この人形からは3つの山がどのように見えるのかを考えさせている。この時幼児は自分自身の角度から描かれた絵を他の場所から見た絵として選択する傾向をあらわしてしまう。ピアジェはこうした幼児の認知の特徴を「自己中心性（egocentrism）」と呼んでいる。

それではこの幼児の自己中心性はどのように破られ発達していくのか。たとえば岩田（1974）は小学校1年生を対象に次の実験を試みている。すなわち人形をいろいろな地点に移動させて他の場所からの見えを考えさせる条件と，子ども自身を移動させて他の場所からの見えを考えさせる条件とを比較している。結果は後者の子ども自身が移動した条件の方が前者よりも成績が良いというものであった。このことは頭の中で空間配置を動かすよりも自分自身が移動して

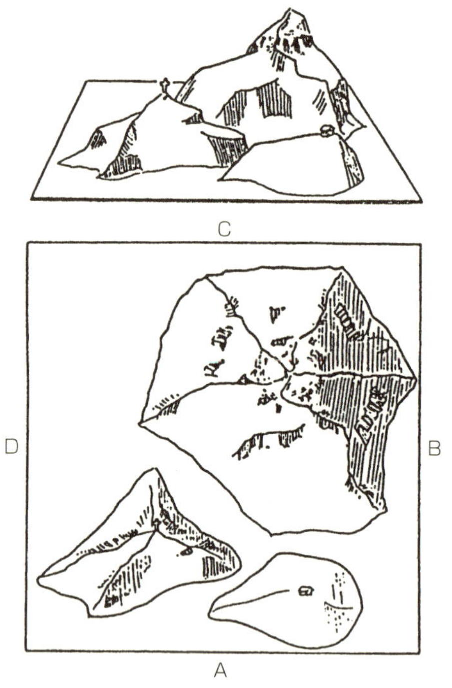


図3-3 「3つの山の問題」(Piaget, 1956より)

空間配置を考える方が容易であることをも示唆しており，身体感覚による表象の変換のストラテジー（方略）が有効な手掛かりとなりうることを示している。

また林（1998）は仲間同士の相互作用，すなわち空間課題をどのように解決すればよいかに関して同年齢の幼児同士で話し合うことが空間認識の向上に効果があったことを報告している。同年齢の幼児同士であっても視点の違いなどから生ずる意見の対立などが起こるが，そのなかで自分の見方を修正したりする経験が幼児の自己中心的な認識の克服に有効であると言える。

## (3) ピアジェとは異なる認知発達理論

ピアジェの子どもの認知発達は，年齢的に段階的に順序が変更されることなく発達が進むという考え方であるが，シーグラー（Siegler, 1986）は情報処理理論の立場からピアジェとは異なる理論を提唱した。シーグラーは，子どもは自分のもっているルールに基づいて思考するとし，ルール評価アプローチと呼ばれる方法で子どもを研究した。すなわち子どもの反応から子どもが適用したルールを推測しようとした。たとえば，天秤におもりをのせたときにどうしたらつりあうかを子どもに尋ねた。重さと距離（中心からおもりまでの）をかけたもの（乗算）が等しければつりあうのであるが，子どものもつルールは重さだったりする。

子どもは個々の場面から個々の（領域の）技能・認識をひとつずつ徐々に（特殊的に）学ぶことを繰り返し積み重ねた結果，大きな認知発達が獲得される，という考え方もある。この認知の特徴を領域特殊（固有）性と呼び，ピアジェの理論の方を領域普遍（一般）性と呼ぶことがある。

## 第2節　道徳性の発達

道徳性の問題を取り上げるとき，大別すれば2つの側面が区別される。1つは道徳的判断の問題であり，もう1つは道徳的行動の問題である。この両者の間には密接な関係があり正しい判断は正しい行動の前提であるが，同時に正しい判断が正しい行動を保証するものではないことも事実である（中島，1993）。ここでは認知発達の問題を扱っているので，まず道徳的判断の問題を取り上げたピアジェの発達段階説について説明する。

### (1) 規則の理解の発達

マーブル（おはじきの1種）のゲームを観察したピアジェによると以下のような発達段階が見られたと言う。

**第1段階**　3歳以前のこの段階では，規則はまったく理解されていない。マーブルでひとり遊びをしてしまう。

**第2段階**　4-5歳のこの段階では，年長者のまねをして規則に従った遊びをする。しかし長続きはせず規則を勝手に無視してひとりで遊んでしまう。ここでは規則は絶対視されており，勝手に変更してはならないもので，大人のような権威ある者が作って子どもに与えたものであると理解されているが，必ずしも守れない。

**第3段階**　7-10歳になると，共通の規則に関心が向かいそれに従ってゲームをしようとする。この段階になると，規則は人々の合意によって作られたと考える。そして合意によって規則が変更可能であり，規則の存在理由は集団行動を円滑にさせることにあることが理解される。

### (2) 善悪の判断の発達

ピアジェは子どもが行動の善悪を判断する時にその人の意図を考慮するかどうかという問題を取り上げた。子どもに対して例話を示して，例話（表3-1）の中のどちらの子どもの方が良いか，悪いかをまず尋ね，さらにその判断の理由を尋ねたのであった。例話の中の子どものひとりは，善意から行動したのだが大きな損害という結果を出してしまった。別の子どもは悪意から行動したが小さな損害という結果ですんだ，という話である。

ピアジェの研究結果では6，7歳頃までは動機によってではなく，結果の方から善悪を判断するので（結果論），たとえ動機がどうであれ損害が大きい方の子どもが悪いと答えている。しかし，それ以降の発達段階の子どもたちは，人が行動する際の動機を重視するようになり（動機論），損害が大きくても善意のうえでの行動なのだから悪くない，むしろ動機の悪い行動の方が損害が小さくても悪いと考えるようになるのである。

**表3-1　ピアジェの例話の一例**

| |
|---|
| A君はお手伝いをしようとしてお皿を10枚割ってしまいました。B君はいたずらをしようとしてお皿を1枚割ってしまいました。A君，B君のどちらがより悪いでしょうか。 |

### (3) 他律から自律へ

ピアジェによると，子どもは権威あるところに依存した基準による「他律的判断」から，自己に内面化された判断基準による「自律的判断」へと，道徳的判断を発達させていく。

他律的判断というのは幼児期にしばしばみられるものであり，外的権威に対する一方的な尊敬や服従によって特徴づけられる。たとえば善悪の判断が唯一絶対で大人によって定められるものと考える。また規則やルールは変更できないものであると考える。一方，自律的判断というのは主に児童期以降に現れてくるもので，義務や価値などが自分の中へ内面化され，道徳的な価値を相互的・相対的に考えるものである。規則やルールは必要に応じて変更可能であると見なす。また善悪は自分の中に内面化された基準とともに人々の状況を考慮のうえで判断される。このような変化が生じるのは子どもの認知的な発達が要因の1つとしてあげられる。また子どもの社会的経験や対人関係の深まりという要因が考えられる。

このピアジェの理論がコールバーグ（L. Kohlberg）によってさらに精緻化された理論に発展している。

## 第3節　社会的な発達

発達の領域の中でも，対人関係や社会性の発達などの領域を，ここでは扱うこととする。

### (1) 幼児の仲間関係とあそび

幼児期に入ると身体能力の発達，基本的生活習慣の確立などによって，親をはじめとした養育者からの自立（母子分離など）が始まり，徐々に同年代の仲間との交友関係を成立させるようになる。

幼児はこれまで密着・一体であった親などから分離・独立しながら，仲間などの世界にも入っていくわけであるが，仲間との関係は「保護－被保護」という親との関係（いわゆるタテの人間関係）とはかなり異なったものである。仲間との関係は友情，信頼，協調などが要求されるヨコの人間関係であり，したがって，幼児は仲間との間に円滑な関係を築くためにさまざまな能力を獲得していかなければならない。

幼児が仲間と交友関係を結ぶ場面があそびである。あそびは幼児の生活そのものであり，あそびが幼児の心身の発達に及ぼす影響は大きい。具体的には身体・運動能力の発達，知能・想像力の発達，情緒の発達，社会性の発達などに及ぼす影響である。

### (2) あそびの発達（集団あそびの発達）

幼児のあそびは，年齢とともに質的にも量的にも変化していく。しかもその変化は心身の発達と密接な関係をもっている。たとえば運動能力の向上に伴ってあそびがダイナミックになったり，また認知能力の向上に伴って複雑なルールに従ったあそびが増えたりするようになる。

社会的参加という観点からパーテン（Parten, 1932）は，幼児のあそびを次の6つに分類している。幼児期には，初めは平行あそびや連合あそびが見られるが，発達が進むにつれて協同あそびが現れるようになる。

**①あそんでいない状態**　何もせずに歩いたり眺めたりしている状態。

**②ひとりあそび**　他の子がいても無関係にひとりだけであそぶ。

**③傍観的行動**　他の子のあそびを見ているだけで自分はあそばない。何か言ったり教えたりはするが一緒にあそばない。

**④平行あそび**　他の子と隣同士になって，同じ遊具で同じあそびをしているが，一緒にあそんでいるわけではない。

**⑤連合あそび**　他の子と一緒に同じあそびをしているが，組織化されたものではない。リーダーやルールが存在しない。

**⑥協同あそび**　一緒にあそんでいる集団の中に集団意識があって，リーダーやルールが現れる。あそびが組織化されている。

## 第4節　対人認知の発達

### (1) 感 情 の 理 解

他者の表情や音声を識別し，親しい他者に反応することは，既に乳児期から認められるが，幼児期になると他者の感情の理解がより一層すすむ（久保，1992）。

たとえば，3歳児に次のような話を聞かせ，登場人物の感情を推測させた研究がある（Harris, 1989）。「ティナは，小犬が好きで子犬を欲しがっている。ある日，ティナの友だちが子犬を連れてティナの家へやってきた。ティナの友だちは，帰る時に，子犬をティナの家に忘れたまま帰ってしまった。そこでティナはその友だちに電話をかけて明日の朝，子犬を友だちの家まで連れていくと伝えた。今日はティナは子犬とあそぶ」。3歳児は登場人物の感情についてたいていティナはうれしいと推測し，その理由を問われると「子犬がいるから」と答え，さらに子犬がいるとなぜうれしいのかと問われると「ティナは子犬が好きだから」といった登場人物の願望に言及して説明することができた。

### (2) 「心の理論」：他者の視点の理解

他者の視点に立つことは3歳児にはまだ難しいことがある。たとえば子どもたちに次のような事態を人形やおもちゃを使って実演しながら示し，他者の視点についての質問をした研究がある（Wimmer & Perner, 1983)。「マキシは，母が買ってきたチョコレートを青い戸棚にしまうのを手伝った。マキシはその後，外へ遊びに行った。母はマキシがいない間にチョコレートを青い戸棚から出して少し使い，残りのチョコレートを緑の戸棚にしまった。その後母は出かけた。そこへマキシが帰ってきてチョコレートを食べようと思った。マキシはどこを探すか」。この質問に対して「青い戸棚を探す」と答えて正答できたのは3歳児で皆無であり，4-6歳児では60%であった。この課題は話を聞いている自分は，真相を知っているが話の中の登場人物は誤った信念（beliefs）をもっていることを理解していなければならない。こうした他者の視点に立つことが，3歳児には困難である。

この研究における他者の視点の理解のように，人の行動を予測したり説明したりするために必要な心の働き・状態についての知識や原理を，「心の理論」という。心の理論が獲得されているとは，人の行為の背後にある気持ち・動機・信念などが理解できることを意味する。直接見ることのできない，人の感

**図3-4　心の理論の研究**（Wimmer & Perner, 1983）

情・意図・思い・動機・願望・他者の視点などを理解していることが集団生活には大切であり，幼児たちは養育者・先生・その他の身近な人々をはじめとした大人や，きょうだい，あそび友だちなどとの交流をとおして，こうした他人の気持ちなどに気づくようになっていく。幼児期初期には未獲得であった心の理論が幼児期終期にかけて徐々に心の理論の獲得へと発達していくが，これは幼児期の発達の課題のひとつかもしれない。

**■参考・引用文献**

Harris, P. L. (1989). *Children and emotion: The development of psychological understandings.* Oxford: Blackwell.

林　昭志（1998）．Doiseの空間課題に及ぼす幼児の相互作用の効果　心理学研究, **69**, 130-136.

堀ノ内敏（編著）（1978）．児童心理学　福村出版

岩田純一（1974）．子どもにおける空間表象の変換に及ぼす感覚——運動手がかりの効果　教育心理学研究, **22**, 21-29.

小林芳郎（監修）（2003）．子どもと保育の心理学　保育出版社

久保ゆかり（1992）．他者理解と共感性　木下芳子（編）　新・児童心理学講座8　対人関係と社会性の発達　金子書房

中島　力（1993）．子どもの社会的発達　ソフィア

Parten, M. B. (1932). Social participation among pre-school children. *Journal of Abnormal and Social Psychology*, **27**(3), 243-269.

Piaget, J. (1956). *The child's conception of space*. London: Routledge and Kagan Paul.

Siegler, R. S. (1986). *Children's thinking*. Englewood-Cliffs, NJ: Prentice-Hall.［無藤隆・日笠摩子（訳）（1992）．子どもの思考　誠信書房］

Wimmer, H., & Perner, J. (1983). Beliefs about beliefs: Representation and constraining function of wrong beliefs in young children's understanding of deception. *Cognition*, **13**, 103-128.

# 第4章　児　童　期

## 第1節　思 考 の 発 達

ピアジェ（J. Piaget）は人間の適応と思考の発達をシェマの同化と調節によってとらえ，この発達過程を感覚運動期（0-2歳），前操作期（2-7，8歳），具体的操作期（7，8-11，12歳），形式的操作期（11，12歳-）の4段階で説明している。児童期はほぼ具体的操作期に対応する。

この時期になると，子どもは事象の見え方に惑わされずに頭の中で論理的に考えることができるようになる。このことをピアジェは保存に関する実験で明らかにしている。保存とは，物質がその見かけなどの非本質的な特徴を変化させても，重さや量といった本質的な特徴は変化しないということである。

前操作期の子どもに図4-1のような液量の保存に関する課題を与えると，(3) では$A_2$が多いと答えたり，(5) では$L_1$が多いと答えたりする。前操作期の子どもは見かけが変化すると量も変わったと考えてしまうのである。これに対して，具体的操作期の子どもは，「元に戻せば同じ」（可逆性），「こっちは長いけど細い」（相補性），「何も加えたり，減らしたりしていない」（同一性）という理由を述べて正しく答えることができる。

ピアジェは，思考を活動が内化したものと考えている。具体的操作期になると，それまで個々バラバラに内化されていた心内活動が，ひとつのまとまった体系に組織化されるようになる。構造化され，体系をなす全体に組織化された心内活動を操作と呼ぶ。具体的操作期の子どもが保存を理解できるようになるのは，この操作が可能になるからである。ピアジェは，具体的操作期における操作の体系を説明するために，群性体という論理数学的モデルを導入している。

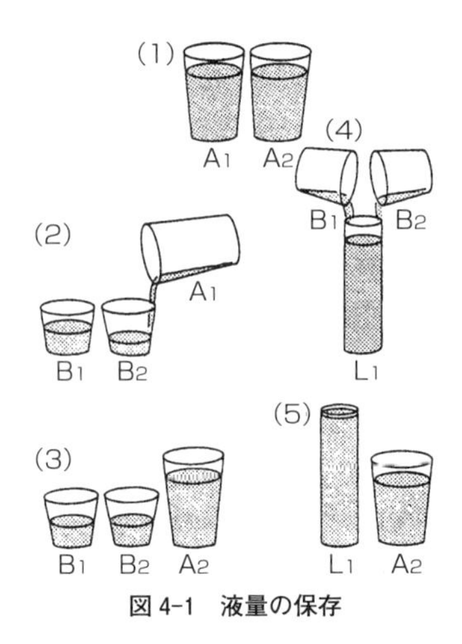


図 4-1　液量の保存

保存の成立もこの群性体によって説明される。

## 第2節　記 憶 の 発 達

### (1) 記憶の発達

記憶の発達は，記憶の容量や処理スピードといった記憶の基本的能力，記憶の方略，記憶に関する知識であるメタ記憶，記憶する事象に関する内容的知識の４つの側面からとらえることができる。以下では，記憶の発達を支える重要な基礎であるメタ記憶について述べる。

### (2) メ　タ　記　憶

記憶における情報の貯蔵，保持，検索に有効な方略の知識，記憶を促進したり妨害したりする要因に関する知識など，記憶という行為にかかわる知識をメタ記憶という。

記憶過程でまず必要なのは，与えられた課題が記憶課題だと認知することである。記憶と他の心的活動との区別は，どのくらいの年齢から可能なのだろうか。アッペルら（Appel et al., 1972）は４歳，７歳，11 歳の子どもに一連の絵を提示して実験を行った。子どもの半数には絵を「後からやってもらう課題に役立つので，よく見る」ようにと言い，半数には「後から思い出してもらうので，よく覚える」ようにと言った。その結果，「見る」教示より「覚える」教示の方が，再生成績が明らかによかったのは11歳児だけだった。4歳児は記憶課題（「覚える」）と知覚課題（「見る」）を区別していないようである。しかし，4歳児でも単純な課題なら，「覚える」ように言うと比較的長い時間絵に注目するという報告もある（Yussen, 1974）。つまり，年少児は「覚える」という教示と「見る」という教示に違った反応はできるが，よく覚えられるような方略を使うことができないのである。

子どもが目の前の課題を記憶課題だと理解したとして，次に必要なのは課題の性質の判断である。つまり，記憶を効率的に行うためには，記憶すべき課題がどのようなものかが理解できなくてはならない。この理解にも発達差が見られる。レヴィンら（Levin et al., 1977）によると，低年齢の子どもは再認が再生よりやさしいとは考えていない。彼らは，1年生，5年生，大学生に単語リストの記憶課題で，いくつ再生でき，いくつ再認できるかを予想させた。その結果，5年生と大学生は再生よりも再認の成績の方が良いと予想したが，1年生は両者に差がないと考えていた。

年齢が高くなると，記憶課題が与えられれば，この課題に組織的にアプローチし，記憶を向上させるためにいろいろな方略を適用するようになる。年齢とともに，特定の方略が記憶には有効だという理解が発達するのである。たとえば，3年生になると，①カテゴリー分けしたリストはしていないリストよりも覚えやすい（Brown, 1978），②特定の体制化は他のものより記憶を促進する（Yussen et al., 1979）といったことをはっきりと理解するようになる。しかし，低年齢の子どもは，リハーサルやラベリングといった方略の効果を理解していない。ブラウン（1978）は4歳児，1年生，3年生の被験児に，記憶するためにいろいろな方法を使っている子どものビデオを見せた。記憶方法は，「カテゴリー化」「リハーサル」「ラベリング」「課題をただ見つめる」である。ビデオをすべて見た後，どの子どもの記憶成績が良いかを予想させたところ，4歳児は方略の効果を理解していなかったが，3年生になると，能動的な方略（「カテゴリー化」「リハーサル」）によって成績は良くなると考えるようになる。

記憶過程においては，課題の性質とともに自分の記憶能力も推定できなくてはならない。フラヴェルら（Flavell et al., 1970）は，幼稚園児，2年生，4年生を対象にして，自分の再生範囲を推定する能力を調べている。課題は1枚から10枚までの絵を順に提示し，どの枚数なら再生できるかを問うものである。幼稚園児は半数以上が10枚でも再生できると答えたが，2年生や4年生で10枚再生できると答えた者はほとんどいなかった。2年生や4年生が再生できると答えた枚数は，実際の再生量と比較して妥当なものであったが，幼稚園児の答えは非現実的なものであった。

### (3) 記憶のモニタリング

記憶の過程がうまくいっているかどうか，うまくいっていないとすればどのように修正すればよいかと監視する働きをモニタリングという。モニタリングもメタ記憶の重要な機能である。

スミルノフ（Smirnov, 1980）は3-6歳の子どもを使って，記憶過程でのモニタリングの役割を発達的に検討している。課題はスプーン，ナイフ，鍋といったグループ化のやさしい15枚の絵と単語である。実験試行は3試行からなり，各試行とも記憶課題が2回提示される。1回見て覚え，再生した後，もう1回見て覚えるのである。2回目の課題提示の前には，記憶のモニタリングの仕方が教示される。実験では1回目と2回目の記憶過程の変化からモニタリングが分析された。

その結果，3歳児では覚えたものと覚えていないものについて，それぞれ適切な反応ができず，忘れたことも自覚していない。また，想起を意識的に努力することもない。4歳児では，リハーサルが見られ，想起の努力をするようになり，5歳児では，何を覚え，何を覚えていないのかといった自己点検ができるようになる。6歳児になると意図的なモニタリングが見られるようになる。これらの結果から，自分の記憶過程をモニタリングできるようになるのは，5，6歳になってからであることがわかる。しかし，これは外部からの積極的な働きかけがある場合であり，自発的なモニタリングの発達はさらに遅れるようである。

課題の難しさに応じて記憶方略を柔軟に取捨選択できるか，という視点からモニタリングの発達を検討しているのが，バターフィールドとベルモント

(Butterfield & Belmont, 1977) である。実験では，まず記憶用の項目が多数提示される。ここでは各被験者がリハーサル方略を選択するまでの時間が記録される。つぎに，何の予告もなく同じ項目が繰り返し提示される。つまり，この条件では，被験者は積極的な方略を使う必要がなくなる。続いて，再び予告なく複数の新しい項目が提示される。被験者には再び積極的な方略が必要になる。このような実験の結果，10歳児は年長児に比べて，①最初の方略の選択，②不要になった時の方略の棄却，③再度の方略採用，のいずれにも長い時間を必要とし，柔軟な対応ができなかった。この年齢では，まだモニタリング能力の発達が不十分であることが理解できる。

## 第3節　道徳性の発達

### (1) 道徳性とは

行動の善悪を判断し，それに基づいて正しく行動を行う個人の特性を道徳性という。道徳性には認知的側面と行動的側面の2つの側面が存在する。前者は道徳的規則の知識や理解，道徳的判断に関する側面であり，後者は具体的な道徳的行為の遂行に関する側面である。実際に道徳的な行為を行うためには，規則の知識に基づき，特定の行動を行うべきか否かの判断をすることが必要であるため，道徳的認知と道徳的行動は当然密接に関連しており，正しい認知は正しい行動の前提である。しかし，正しい認知が必ず正しい行動を導くとは限らない。たとえば，犯罪行為を犯した人の多くは，それが道徳的規則に反したものであることを知っていたであろう。両者は，ある程度独立した側面であると考えられる。

### (2) 道徳性の発達説

道徳的認知の発達過程について古典的な研究を行ったのがピアジェである。既に第3章で述べられているように，ピアジェは，子どもの規則の理解が，①規則を尊重せず，やりたいようにやるだけの無道徳の段階，②規則は大人が決めたものであり，変えることはできないと規則を絶対視する段階，③規則は参加者の合意により作られたものであり，守ることは大切であるが，合意があれば変更は可能と考える段階の3段階に分けられること，道徳的判断には「他律的道徳性」から「自律的道徳性」へという一般的な発達段階が存在すること，子どもの善悪判断は，6-7歳を境として，行動の動機や意図にかかわらず結果によって良し悪しを判断する（結果論的判断）段階から，動機を重視するようになる（動機論的判断）段階に移行することを明らかにしている。

こうしたピアジェの研究を基礎にして，さらに広い視点から道徳性の発達説を展開したのがコールバーグ（L. Kohlberg）である。彼は，10-16歳の子どもに道徳的葛藤状況に関する例話を提示して，主人公はどうするべきか，その判断の根拠は何かを問うことにより，道徳的判断の発達的変化を検討している。その結果，表4-1のような6段階からなる発達段階を提唱している。コールバーグ（1969）によると，7歳児では，道徳的判断のほとんどすべてが前慣習的水準であるが，10歳になると，まだ前慣習的水準の判断が最も多いとは言え，その比率は約60%に減少し，他方，慣習的水準の判断は40%近くに増大する。さらに，13歳になると，慣習的水準の判断は約60%に増大して，中心的な判断になる。前慣習的水準の判断は約20%と大きく減少する一方，原則的水準の判断が増大してくる。

**表4-1　コールバーグの道徳性の発達段階**（Kohlberg, 1969）

| | | | | |
|---|---|---|---|---|
| 前慣習的水準 | 道徳的価値は外的，物理的な結果や力にある | ステージ1 | 罰と服従への志向 | 罰や制裁を回避し，権威に対し自己中心的。<br>盲目的に服従することが正しい。物理的結果が善悪を決める。 |
| | | ステージ2 | 単純な道具的快楽の志向 | 自分の利益や欲求に合うように行動することが正しい。 |
| 慣習的水準 | 道徳的価値は，良い，あるいは正しい役割を遂行し，慣習的な秩序や他者からの期待を維持すること | ステージ3 | 良い子への志向 | 身近な他者から期待される良い役割を遂行することが正しい。<br>他者から是認され，他者を喜ばすことを志向する。 |
| | | ステージ4 | 社会的秩序への志向 | 社会組織を維持することが正しい。<br>そのため義務や責任を果たし，権威を尊重する。 |
| 原則的水準 | 現実の社会や規範をこえて，妥当性と普遍性を持つ原則を志向する。 | ステージ5 | 社会契約的遵法の志向 | 社会全体によって吟味され一致した規範に従うことが正しい。価値の相対性に気づいている。 |
| | | ステージ6 | 普遍的倫理原則への志向 | 人間の権利の平等性，人間存在の尊厳の尊重といった普遍的な公正さの原則に従うことが正しい。 |

# 第4節 仲 間 関 係

## (1) ギャング集団

幼児期の仲間関係は個人と個人の関係が基本となっているが，児童期の仲間関係は集団化してくる。従来の発達心理学では，児童期後半に同性で形成される団結の強い閉鎖的な仲間集団を，特にギャング集団と呼び重視した。この集団の特徴としては，①大人から独立した子どもだけの世界を形成し，強い団結力を示す，②その集団だけで通用する言葉や，秘密を持つ，③集団の仲間以外に対して排他的・敵対的であり，閉鎖性が強い，④力関係による役割分化が行われる，⑤集団の規律，リーダーへの忠誠・服従が求められ，これに反すると追放される，といった特徴を持つ。児童はこのような集団における活動を通して，仲間関係に関するさまざまなスキルを獲得し，社会性の多くの側面を発達させていくのである。

ところが，最近の子どもたちは，このようなギャング集団を作ることが少なくなってきたと言われる。その原因としては，塾や習い事による子どもの多忙化，ゲームなど１人，または少人数で行う室内遊びの増加，少子化による子ども数の減少など，子どもを取り巻く環境の変化が考えられる。仲間集団におけるかかわりの欠如は，子どもの社会性の発達を阻害し，いじめや不登校など現代のさまざまな問題行動の原因となっているとの指摘もある。

## (2) 友人関係概念の発達

持続的で親密な仲間関係，すなわち友人関係が出現するのも児童期の特徴である。子どもは，友人をどのような人と考えているのだろうか。ビゲロー(Bigelow, 1977) は，イギリスの1-8年生を対象とした研究から，友人をどのようなものと考えるかという視点から友人関係の発達を検討している。

彼によると，友人関係概念には３つの発達段階がある。①報酬－コストの段階 (2, ３年生-)：友人とは近くに住んでいて，自分と遊んでくれる人と考えている。②規範的段階 (4, ５年生-)：友人には忠誠が期待され，共同，助け合いが求められる。価値や規則，規範の共有が重要となる。③共感的段階 (5, 6, ７年生-)：忠誠，誠実のほか，相互理解，受容，共通の興味，親密な自己開示が友人には期待される。

### (3) 学級集団における仲間関係

小学校に入学すると，学級が子どもの生活の中心的な場となり，そこで新しい仲間とさまざまな体験をすることになる。広田（1958）は学級集団における児童の関係性，すなわち集団構造の発達的変化を５つの段階に分けて説明している（表4-2)。これによると，友人の選択は，教室での席が隣，家が近いといった物理的近接性，身長が同じくらいといった外見的類似性などの要因による段階から，集団成員としての資質や価値の等質性といった社会的，心理的，状況的要因を重視する段階へと，発達的に変化する。これは，ビゲローの友人関係概念の発達にも沿ったものである。また，友人との関係性は，各児童が個人を中心として，平等な横の個人間関係，すなわち仲良し関係を形成していく段階から，力が強い，成績が良いといった理由で優勢な子どもと服従的な子どもが分化するが，あくまでも個人の欲求の満足を目指す個人間の関係性が中心である段階を経て，集団志向的欲求の充足を目指し，集団成員性を自覚して課題状況に応じた相補的な役割を果たすことができる段階へと変化することがわかる。

学級集団は所属が強制されていることなど，自発的な仲間集団とは異なる点が多くある。しかし，家庭や地域において集団遊びをすることが少なく，仲間関係が希薄になってきていると言われる現在の子どもたちにとって，学級集団

**表 4-2　学級集団構造の発達段階**（広田，1958）

| 段階 | 学年 | 特徴 |
|---|---|---|
| 孤立探索期 | 1年生前半 | 学級という新しい環境に適応するため，児童が相互に探索的な働きかけを行い，学級内における自己の位置づけをはかる。 |
| 水平的分化期 | 2年生 | 物理的近接性，外見的類似性などの要因によって結合関係が生ずる時期。支配・服従関係ではない平等な関係性を構成する。 |
| 垂直的分化期 | 2-3年生 | 優勢な児童と服従的児童が分化してくる。教師は絶対的なものではなくなる。 |
| 部分集団形成期 | 4-5年生 | 集団成員としての資質や価値の等質性によって交友関係が結ばれる。集団活動が好まれ，集団間競争に強く動機づけられる。 |
| 集団統合期 | 6年生 | 学級内の部分集団が学級という全体的集団の分節として統合組織される |

における仲間関係は，以前にも増して重要な意味を持っている。

## 第5節　自己と自己統制

### (1) 児童期の自己

子どもにとって児童期の最も大きな変化は，小学校への入学である。乳幼児期の子どもは，家庭を中心に親の保護のもとで生活している。親は子どもにとって基本的に受容的な存在である。しかし，学校生活，特に学級は同年齢の仲間集団であり，そこでは対等な相互交渉が行われ，子どもは親とは違う，より現実的な評価を仲間から受ける。さらに，教師からは学校生活のさまざまな場面で客観的な評価を受けることになる。

このような他者からの評価は子どもの自己客観視を進める。他者の評価に基づいて自己を知るためには，自分と他者の視点の違いに気づき，他者の視点を取って他者の感情や判断が推測できなくてはならない。このような視点取得能力は，おもに小学校に入ってから発達する。

毎日の学習活動の中では，仲間と競争したり比較したりすることも多く経験するようになる。こうした自分と他者の比較は，自己概念の発達に影響する。自分の行動や能力，価値観を他者のそれと比較し自己評価することによって，自分はどのような特徴を持っている人間か，他者より優れているのか劣っているのかを知るのである。このような社会的比較が可能になるのも児童期以降である。

このような新しい社会的経験の増大や，それを活かす認知能力の発達の結果，児童期の子どもの自己概念は，より明確で客観的なものとなる。このことをバニスターとアグニュー（Bannister & Agnew, 1976）らは興味深い研究で示している。5-9歳の複数の子どもに面接して「あなたはどんな子か」「何が好きか」「学校ではどんなことをするか」などの質問をする。次に，この答えを誰のものかわからないようにして改めて被験児に聞かせ，どの答えが自分の答えか言わせた。すると，5歳児の正答率は30%に過ぎないが，9歳児では50%に上昇する。「自分とは何か」に関する考え，つまり自己概念は，年齢とともにその場限りの反応ではなく，安定したものになっていくのである。

自己についての考えが，より客観的なものになっていくことは，自己評価と他者評価を比較した研究からも理解できる。3年生と6年生を対象に，「どのくらい親切か」といった性格や「算数が得意か」といった学力などについて自己評価，教師評価，友人評価を調べたところ，3年生では，自己評価はどちらの他者評価とも無関連であったが，6年生では両者に平行関係が見られた。また，自己評価と他者評価を学年別に比較すると，3年生では6年生よりも自己評価が他者評価よりも甘い傾向があった。つまり，子どもは小学校高学年になると，自己を他者が見るように客観的で正確に評価できるようになるのである。

## (2) 自 己 統 制

**1) 自己統制とは**　幼い子どもは衝動的で，後先を考えずに行動する。また，欲しいものは我慢できず，要求が満たされないとかんしゃくを起こしたり，泣きだしたりする。しかし，年齢とともに自己の感情や行動を統制し，適応的な行動がとれるようになる。外的な指示や監視がない状況で，ある目標の達成を目指す行動を維持する過程を自己統制という。

塚本（1995）は，5-11歳児を対象に自己統制の発達的変化を検討している。これによると，自己統制力は概して年齢とともに増す傾向があるが，この変化には，男女間でやや異なる傾向が認められる。男子は年齢とともに比較的単調な増加を示すが，女子は全体的には増加傾向にあるものの，かなりの変動があり不安定な変化を示している。

**2) 自己統制の諸相**　子どもの自己統制に関する研究は，これまで複数の手続きや方法により比較的独立に行われてきた。ここでは，代表的なものについて述べる。

**①満足遅延**　満足遅延を測定する典型的な手続きは次のようなものである。実験者は，待っていれば報酬を与えると教示して，子どもをひとりで個室で待たせる。その際，部屋のベルを押せば実験者はいつでも戻ってくるが，そのときには魅力の乏しい報酬（即時報酬）しかもらえない。ベルを押さずに実験者が戻って来るまで（20分間）待っていられれば，魅力的な報酬（遅延報酬）がもらえるとも教示する。

5-12歳を対象にしたミッシェルとメッツナー（Mischel & Metzner, 1962）の研究によると，遅延報酬を選択する者の出現率は年齢とともに増大し，8歳半から9歳頃に遅延報酬の選択が優位になる。さらに，長期にわたる縦断研究（Mischel et al., 1989）によると，4歳の時に満足遅延の長くできた者は，青年期になってからも顕著に注意深く，集中力があり，計画性があり，知的能力が高い。さらに，目標に向かって努力することができ，欲求不満耐性が高く，ストレスにも適切に対処できるという。

また，これまでの研究では，待ち時間の長さ，報酬が手に入る確率，モデルの観察，報酬に対する注意が，満足を遅延する程度に関係していることが知られている。

**②誘惑への抵抗**　誘惑への抵抗課題にはいくつかのものがあるが，ひとつは射的ゲームを使うものである。まず，ゲームで良い点数をあげるように，子どもを動機づけておく。一方，ゲームにはズルをしなければ点がとれないような厳しいルールを設定する。ゲームを数試行行った後，実験者は用事があると称して退室する。子どもはひとりでゲームを続けるが，その際に，良い点をとりたいという誘惑に負けて，ルール違反をするかどうかが別室から観察される。もうひとつは，子どもを魅力的な玩具が置かれている部屋で待たせる課題である。実験者は子どもに，玩具に触れてはならないと教示して退室する。実験者は子どもに気づかれないようにワンウェイミラー等で子どもの行動を観察し，玩具に初めて触れるまでの潜時，玩具に触れた回数，触れていた総時間等を記録する。

どちらの手続きも，衝動の制止や統制，罰の内在化を調べる実験的アプローチである。前者の手続きを8歳児，10歳児，12歳児，14歳児に行った中里（1985）によると，違反率は年齢とともに低下し，誘惑への抵抗力が増すことが示されている。また，後者の手続きによる研究によると，逸脱を禁止する自己教示や誘惑に耐えるモデルの観察が逸脱行動の減少に効果がある。

**■引用文献**

Appel, L. F., Cooper, R. G., McCarrell, N., Sims-Knight, J., Yussen, S. R., & Flavell, J. H. (1972). The development of the distinction between perceiving and memorizing.

*Child Development*, **43**, 1365-1381.

Bannister, D., & Agnew, J. (1976). The child's construing of self. In J. Cole (Ed.), *Nebraska symposium on motivation* (Vol. 24, pp. 99-125.) Lincoln, NE: Nebraska University Press.

Bigelow, B. J. (1977). Children's friendship expectations: A cognitive developmental study. *Child Development*, **48**, 246-253.

Brown, A. L. (1978). Knowing when, where, and how to remember: A problem of metacognition. In R. Glaser (Ed.), *Advances in instructional psychology* (Vol. 1, pp. 77-165). Hillsdale, NJ: Lawrence Erlbaum.

Butterfield, E. C., & Belmont, J. M. (1977). Assessing and improving the cognitive functions of mentally retarded people. In I. Bailer & M. Steinlicht (Eds.), *Psychological issues in mental retardation*. Chicago, IL: Aldine Press.

Flavell, J. H., Friedrichs, A. G., & Hoyt, J. D. (1970). Developmental changes in memorization processes. *Cognitive Psychology*, **1**, 324-340.

広田君美（1958）．学級構造　肥田野直他（編）学級社会の心理　中山書店

Kohlberg, L. (1969). Stage and sequence: The cognitive-developmental approach to socialization. In D. A. Goslin (Ed.), *Handbook of socialization theory and research*. Chicago, IL: Rand Mcnally. pp. 347-480.

Levin, J. R., Yussen, S. R., DeRose, T. M., & Pressley, G. M. (1977). Developmental changes in assessing recall and recognition memory capacity. *Developmental Psychology*, **13**, 608-615.

Mischel, W., & Metzner, R. (1962). Preference for delayed reward as a function of age, intelligence, and length of delay interval. *Journal of Abnormal and Social Psychology*, **64**, 425-431.

Mischel, W., Shoda, Y., & Rodriguez, M. (1989). Delay of gratification in children. *Science*, **244**, 933-938.

中里至正（1985）．道徳的行動の心理学　有斐閣

スミルノフ，A. A.（1980）．市来　努（訳）子どもの思考と記憶　明治図書

塚本伸一（1995）．母子関係が子どもの自己統制に及ぼす影響——自己統制尺度によるアプローチ——　応用心理学研究, **20**, 23-32.

Yussen, S. R. (1974). Determinants of visual attention and recall in observational learning by preschoolers and second graders. *Developmental Psychology*, **10**, 93-100.

Yussen, S. R., Levin, J. R., Berman, L., & Palm, J. (1979). Developmental changes in the awareness of memory benefits associated with different types of picture organization. *Developmental Psychology*, **15**, 447-449.

# 第5章　青年期前期

## 第1節　青年期について

### (1) 青年期とは

小学校高学年から中学生にかけて急激な身体的変化が見られるようになり，また心理的にも不安定な時期が始まる。一般的にこれらの時期は思春期あるいは青年期と呼ばれている。心理学において，「思春期」という用語は，第2次性徴に伴う身体的な変化に関する時期を指すことが多い。すなわち生殖能力や身体の急激な発達など成熟した成人となる身体的，生理的変化が著しい10歳から15歳くらいまでの時期を思春期とされている（久世，2000；向井，2000）。

一方，「青年期」とは思春期発現に伴う心理的な変化の時期と言うことができる。青年期は身体的な変化が終了した後も10年近くにわたり長く続くため，その間の特徴にも違いが見られる。そのため，いくつかの段階に区切って青年期を記述することが多い。本章は，おおよそ第2次性徴が始まるころから中学生・高校生段階を中心とした青年期前期の特徴を記述したい（なお思春期は上記のように身体的変化を中心に考えられた時期であるのに対して，青年期の区分はこれに加えて，さまざまな心理－社会的な要因による影響が考えられる。よって思春期と青年期の範囲・区分は必ずしも一致しないが，年齢的には思春期と青年期前期はほぼ重なる時期と言えるだろう）。

### (2) 青年期の特徴

青年期は「疾風怒濤の時期」とも呼ばれ，不安定な時期として記述されてきた。青年心理学の始祖とされるスタンレー・ホール（G. S. Hall）は，この疾風怒濤の特徴として，対立感情が相互に出現することをあげている。すなわち無気力－熱情，快－不快，自負－謙虚，利己－愛他，善行為－悪行為，社交－孤独，多愛－冷酷，知識に対する渇仰－冷淡，学理の研究と実際的活動，保守－急進，感覚－知性などの対立である（齊藤，2002a）。こうした青年観は現代においてもひとつの位置を占めており，たとえば西平（1990）は，抗しがたい嵐（シュトルム）のような激情性，極端から極端へと移行する動揺性などを，生得的な青年らしさ（青年性）の特徴としている。疾風怒濤の背景として，児童期までの安定と平衡が破れ，身体，特に性的な成熟と，精神面での感性の先鋭化によって，不安と動揺が体験されるといったことが考えられている（岡路，1973)。こうした疾風怒濤を経て，青年は新たな人生を歩み出すという意味で青年期は「第2の誕生」とも呼ばれている。

こうした青年像は文学作品やメディアなどをとおして広く市民権を得ており，疾風怒濤の神話（加藤，1987；Bandura, 1972）とも呼ばれているが，1960年代以降このような青年理解に対し次第に疑問が提出されるようになってきている（Heaven, 1994)。すなわち，多くの青年はさほどストレスを抱えているわけではなく，家族関係や勉学においても特に問題が生じないとする実証的研究が提出されている。オファーとオファー（Offer & Offer, 1975）の調査では，際だった変化や困難のない「連続成長群（Continuous Growth)」が全体の23％を占め，心理的混乱を示す「波乱成長群（Surgent Growth 35％)」や，神経症的症状を示し葛藤の大きい「激動的成長群（Tumultuous Growth 21％)」が大半を占めることはなかった。また同様に村瀬・村瀬（1973）も，平均的青年についての各種の心理検査を施行し，大きな葛藤や変動が見られなかったことを示している。葛藤や迷いを強調する「青年期危機説」と対比して，このように青年期がとりたてて激動の時期とは言えないという考え方を「青年期平穏説」と呼ぶ。加藤（1987）は，現代においては，かつて考えられてきた断続的で急激な発達よりも，むしろ連続的な移行が中心になっているとしている。

青年期平穏説からは，多くの青年が病理的困難を示さないことをもって，青年期危機そのものが否定されたようにも考えられるが，一方で「危機」とは疾風怒濤のような大きな混乱だけを意味するのではなく，人生の次の段階に向かっての分岐点，ないしは，その時点での心理的決断という意味をも含んでいる

(清水・頼藤，1976)。この点においては，青年期平穏説は，疾風怒濤説への反証とはなりえても，青年期危機そのものに対する反証としては，十分に実証されたとは言いがたい。

また，青年期の初頭において身体的・生理的変化そのものがなくなったわけではなく，また身体的変化に伴う性的な自覚や心理的不安定さが生じることも否定できない。

以下ではまず，この身体的な変化について解説を行う。

## 第2節　身体的発達

### (1) 第2次性徴

思春期になると，身体が急激に発達し，いわゆる第2次性徴と呼ばれる現象が発現する。第2次性徴には身長の伸びなどの形態的発達（量的な発達）と，質的発達である性的成熟がある。性的成熟は女子では初潮，乳房，恥毛，男子では陰茎，睾丸，性器，恥毛などの変化として現れる（齊藤，2002b）（図5-1, 2)。性的成熟は，表5-1に見られるように第1から第5期までに分けられ，開始時期と終了時期の個人差が大きいが，その順序はほぼ一定であり，また男子に比べ女子の方が全体的に早期に始まることが知られている。また身長は図5-3に見られるように10歳ころから急激に伸びてくる（これをスパートと呼ぶ)。

### (2) 発達加速現象

第2次性徴は図5-3にも見られるように，形態的発達においては，1948年に比べ現代の若者はその発現も早く，また体格そのものも向上している。また性的成熟についても，同様のことが言える。関（1997）によれば，明治時代の平均初潮年齢は14歳半から15歳であった。これが太平洋戦争中を除いて次第に早期化し，特に昭和30年代に13歳代になって以降は急激に前傾している。しかし，この早期化も最近では加速が鈍化し停滞が見られると言う（表5-2)。

**表 5-1　タナーによる思春期の発達段階**（関，1997より引用）

| | 男子 | | 女子 | |
|---|---|---|---|---|
| | 外陰 | その他 | 外陰 | その他 |
| 1期 | 思春期前<br>陰毛発生なし | 思春期前 | 思春期前<br>陰毛発生なし | 思春期前，乳房僅かに膨隆 |
| 2期 | 陰毛：陰茎基部に淡い色の長い軟らかいまっすぐな陰毛<br>睾丸：大きくなり始める<br>陰茎：軽度の発達<br>陰嚢：皮膚は赤みを帯び，きめがかわる | 腋下，顔面の発毛なし<br>声は小児型 | 陰毛：長い直線的な陰毛が大陰唇周辺にまばらに発生<br>大陰唇：厚くなる<br>膣部：上皮の肥厚<br>膣の pH：低下 | 乳房は乳頭が小さなマウンドを作り膨隆する<br>乳輪は第1期より大きくなる<br>腋下の発毛はまだない |
| 3期 | 陰毛：色濃くなり，長く剛い。両側へひろがり始める<br>睾丸：さらに大きくなる<br>陰茎：やや大きくなる（はじめは長さが）<br>陰嚢：さらに大きくなる | 唇上部にひげ，腋下にもときに発毛<br>声がわれる | 陰毛：色濃くなり，粗いカールした陰毛が恥骨結合部まで，まばらにひろがる<br>子宮：増大<br>膣の pH：低下<br>大陰唇：肥厚<br>（初潮） | 乳房，乳輪ともに大きくなるが，胸壁との輪郭はあきらかでない<br><br>ときに腋下に発毛 |
| 4期 | 陰毛：剛いカールした陰毛が陰茎基部周辺にひろがるが，大腿中央部には達していない<br>睾丸：成人に近い<br>陰嚢：さらに大きくなり，直径も大きくなる。亀頭が発達する | 唇上部のひげは濃くなる<br>頬部，肛門周囲に発毛<br>腋下の発毛多くなる<br>声は深くなる | 陰毛：成人型となるがしかし被覆部はまだ少ない<br>膣：膣褶<br>子宮：さらに増大<br>（排卵） | 乳頭，乳輪は乳房の上にさらにマウンドを作って突出する<br>乳房輪郭がはっきりしてくる<br>腋下の発毛が多くなる |
| 5期 | 陰毛：量ひろがりとも成人に同じ，大腿中央部まで拡大<br>陰茎：成人の大きさと形態 | | 陰毛：量，形，ひろがりとも成人に同じ | 乳頭のみ突出する。乳輪は乳房輪のなかにしまいこまれる<br>4期と5期は区分できないこともある |

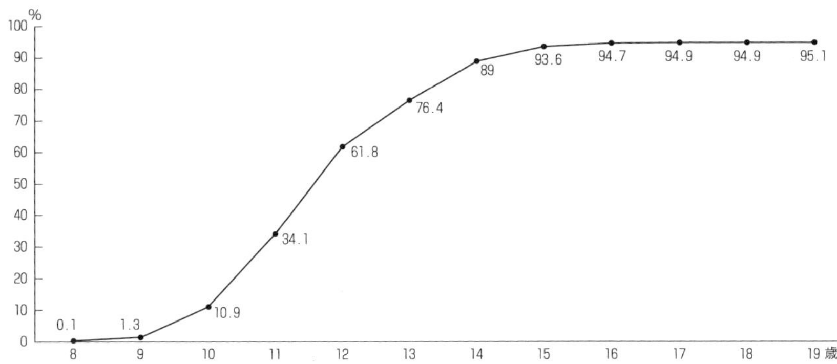


**図 5-1　累積初潮年齢**（2013）（日本性教育協会（編）（2013）.「若者の性」白書：第7回青少年の性行動全国調査報告　小学館　より大学生データに基づいて作図）

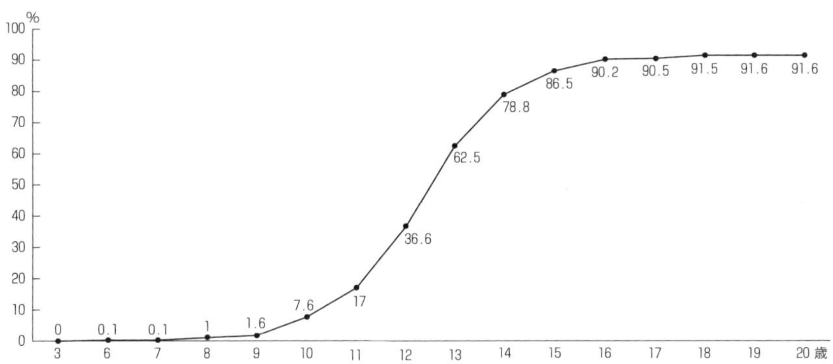


**図 5-2　累積精通年齢**（2013）（日本性教育協会（編）（2013）.「若者の性」白書：第7回青少年の性行動全国調査報告　小学館　より大学生データに基づいて作図）

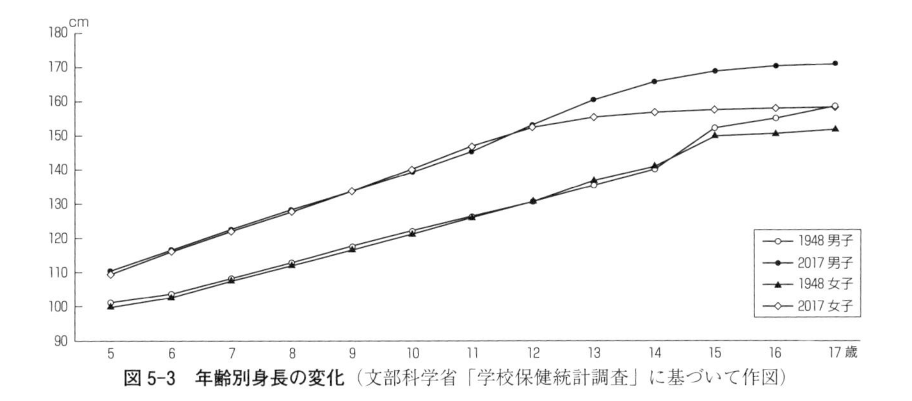


**図 5-3　年齢別身長の変化**（文部科学省「学校保健統計調査」に基づいて作図）

表 7-2 平均既潮率と初潮年齢（関，1997より引用）

| | 既潮率 | 1961年2月 A | 1964年2月 B | 1967年2月 C | 1972年2月 D | 1977年2月 E |
|---|---|---|---|---|---|---|
| 全国 | 小学 5年生 | 3.9% | 5.7% | 7.9% | 11.1% | 14.3% |
| | 6年生 | 23.2 | 24.2 | 31.1 | 40.5 | 44.6 |
| | 中学 1年生 | 53.1 | 58.4 | 67.0 | 74.7 | 78.0 |
| | 2年生 | 84.0 | 88.2 | 90.9 | 93.9 | 94.9 |
| | 3年生 | 96.8 | 97.5 | 98.2 | 98.7 | 99.2 |
| | 初潮年齢中央値 | 13歳2.6か月 | 13歳1.1か月 | 12歳10.4か月 | 12歳7.6か月 | 12歳6.0か月 |
| | 標準偏差 | 1歳2.2か月 | 1歳1.6か月 | 1歳1.7か月 | 1歳1.6か月 | 1歳1.6か月 |
| 市郡 | 小学 5年生 | 4.5% | 6.0% | 8.6% | 11.5% | 14.2% |
| | 6年生 | 25.8 | 26.1 | 33.0 | 41.4 | 44.9 |
| | 中学 1年生 | 58.1 | 61.1 | 68.6 | 75.7 | 78.3 |
| | 2年生 | 86.5 | 89.5 | 91.7 | 94.3 | 95.0 |
| | 3年生 | 97.3 | 97.7 | 98.3 | 98.8 | 99.2 |
| | 初潮年齢中央値 | 13歳1.2か月 | 13歳0.3か月 | 12歳9.8か月 | 12歳7.3か月 | 12歳6.0か月 |
| | 標準偏差 | 1歳2.1か月 | 1歳1.4か月 | 1歳1.6か月 | 1歳1.5か月 | 1歳1.6か月 |
| 郡部 | 小学 5年生 | 2.9% | 5.1% | 6.4% | 10.1% | 14.7% |
| | 6年生 | 18.7 | 20.5 | 27.2 | 38.2 | 43.6 |
| | 中学 1年生 | 44.3 | 53.1 | 63.6 | 72.1 | 77.1 |
| | 2年生 | 79.7 | 85.5 | 89.2 | 93.0 | 94.4 |
| | 3年生 | 95.9 | 96.9 | 97.8 | 98.7 | 99.0 |
| | 初潮年齢中央値 | 13歳5.0か月 | 13歳2.6か月 | 12歳11.8か月 | 12歳8.4か月 | 12歳6.2か月 |
| | 標準偏差 | 1歳2.4か月 | 1歳1.7か月 | 1歳1.6か月 | 1歳1.7か月 | 1歳2.0か月 |

## (3) 心理的影響

**1) 身体的発達そのものの心理的影響**　第2次性徴の開始についての受け止め方には，性別によって若干の相違が見られる。齊藤（2002b）によると男子はおおむね無反応や当然の結果として見ている者が多いが，女子では否定的反応と肯定的反応が拮抗している。

**2) 性的成熟のタイミング**　先に述べたように性的成熟の開始時期は個人差が大きい。平均より早めに第2次性徴が見られる早熟者と，遅めに発現する晩熟者の間では心理的な相違が見られるとされている。男子では早熟者の方が，魅力的な性格で，安定しているなど肯定的な特質が見出されることが多いが，女子では，早熟者の方が，混乱や否定的感情などをもちやすいという指摘もあり，一概に肯定的とは言えない（齊藤，2002b；関 1997）。しかし，こうした影響は性役割や性行動に対する社会の意識の変容とも大きく関わることであり，固定的な現象とは言えないだろう。

**3）間接的な心理的影響**　思春期は，ホルモンのバランスが不安定になりやすい時期でもある。このことに伴う身体的不全感や，性器官の成長による生理的不均衡の影響も指摘されている。すなわち胸騒ぎ，手足の不器用感，疾病恐怖，漠然とした不調和感，危険感，極度の緊張などが，青年期前期の特徴としてあげられている（赤塚，1964）。

## 第３節　認知的発達と対人認知

### (1) 形式的操作の発達

青年期前期は，認知的な発達において形式的操作の段階に入ってくる。すなわち抽象的な思考が可能になり，具体的な事物だけでなく，自分の生き方や自己や恋愛などに関心が向くようになる。抽象的思考が可能になることで，自己だけでなく他者の思考についての概念化も可能になる。エルカインド（Elkind, 1967）によれば，形式的操作が不完全ないわば過渡期の青年に，自他認知に関する独特の自己中心性が見られると言う。すなわち，青年自身が自分の行動や外見に強い関心をもっているのと同様に，他者も自分に対して強い注目を向けていると認知しやすい傾向である。自分が自分自身について思っているのと同様の賞賛や批判を，他者からも受けていると思いこんでしまうのである。こうした現象は「想像上の観客」（imaginary audience）と呼ばれ，形式的操作が完成するまでに消失してしまう一過性のものとされている。

また，最近では，認知的発達は青年期の間においても発達し続けることがわかってきた。青木（2002）は，重さのつりあい判断において，小学校高学年から中学校にかけてＵ字型発達曲線に近い変化の過程を見出している。このことから，青年期前期の認知発達は，単なる直線的な発達ではなく，質的変化を伴うものであり，たとえ失うものがあっても，基本的には成熟に向かうものであると指摘している。

### (2) 対人認知との関係

柏木（1983）は，対人関係の認知は，直接経験にのみ根差した自己像である私的自己への理解から，他者からどう見られているかといった公的自己・社会的自己へと発達するとしている。すなわち，自身の直接的体験をとおして知りうる内的過程である「自分自身の感情・好み・欲求」などの把握だけでなく，発達に伴って，自分自身の姿を直接経験と切り離して外在させ客観視することが可能になるのである。これは，見る自分（I）と対象としての自分（me）が分離することを意味する。また，他者認知においても，表に現れる行動，公的で観察しやすい特性（表出行動，社会的役割など）だけでなく，外から観察できない，相手の内面的特性の推論が可能になってくる。他者の内面が推論できるということは，他者から自分がどう思われているかを知る機会となり，これによって自己を客観視できるようになると柏木は指摘する。

こうした他者感情の理解は幼児期の間にほぼ可能になり，5歳ころ以降から13歳ころにかけて，共感性が発達し，相手の立場に立って，相手の視点から出来事の意味をとらえ，相手と一致した感情をもつ，いわゆる「役割取得」が完成する（久保 1998）。このように青年期前期までに，対人場面での自他認知に関して「自己中心性」から脱却し，他者への共感が可能となると言える。

しかし，他者の心がわかり過ぎるということは，一方で，他者の意向に過剰に自分を合わせてしまうなど，必ずしも肯定的な面ばかりではないことも指摘されている（木下，1998）。

## 第4節　親　子　関　係

### (1) 心 理 的 離 乳

青年期に入ると，親に対する心理的な依存関係から脱して，ひとりの独立した大人としての，心理的な自立へ向かおうとする「心理的離乳」が生じる。また，生活範囲が家庭外へ広がり，両親よりも友人が身近な存在となってくる。自分にとって重大な事柄は親よりも友人に話すことが多くなり，結果的に親から距離を置くようになる（詫摩・菅原・菅原，1989）。

また，両親や大人に対する反発行動（第2次反抗）が現れてくる。青年期前期は，非現実的な理想主義傾向が強いため，親の欠点が目につきやすく，批判的な反抗が目立つ。人間として親を全人的に理解し認められることによって親子関係が回復するのは青年期後期に至ってからである（松元，1997）。

また，女子では，父親に対する生理的嫌悪感も，性的イメージとの関連で高まりやすくなる（人見，1988）。こうした心理的離乳は，両親の性別によっても違いが見られる。母親との間では，情緒的なつながりは年齢によって変化しないが，子どもの意思決定に及ぼす影響力は年齢が上がるにつれて弱まり，友人の影響力に取って代わる傾向が見られる。一方父親については，情緒的つながりも影響力も年齢が上がるにつれて低下していく（松井，1982）。また子どもの性別による違いも見られる。女子の場合，関係が悪化しても修復が容易で，男子に比べ母親との関係が親密である。一方，父親との関係では，女子の方が男子に比べ幻滅を抱くことが多く，関係修復も困難と考えられている（山田，1988）。

学校現場で深刻な問題となっている「いじめ」についても，こうした心理的離乳を考慮した対応が必要となる。いじめの被害を親や教師に訴えたがらない子どもは少なくない。これは，加害者からの報復を恐れるだけでなく，親や教師に打ち明けてしまうことが，被害者自身の心理的離乳の方向を逆行させることになる点も見逃せない。「縦関係」とは異なる，青年自身が安心して自己開示できる（「斜め関係」と呼びうる）場が，いじめ対策には必要となるだろう。

### (2) 青年は親離れするものなのか？

松井（1982；1990）が小学校高学年から高校生までの親子関係について行った調査によると，母親との情緒的つながりは，男女とも低下しないことが見出された。また平石（1999）によると，高校生とその親は，ともに約9割が互いの関係をうまくいっていると認知していた。白井（1997）も，親子間の葛藤や第2次反抗によって特徴づけられる「分離モデル」で説明可能な青年は，全体の3割から4割に過ぎないとしている。

また小野寺（1993）の日米比較調査によると，「（父母が）子どもの頃よく遊んでくれた」「私がどこで何をしているかをいつも気にかけている」などの父母に対する「情緒的結合」は，日本人男子がアメリカ人男女よりも低く，特に母親への結合感は，日米男女のうち最低であった。また，アメリカ人女子は父母ともに情緒的結合が強かった。このことは日本人の親子関係だけが必ずしも密着的なわけではないことを示すものである。

平石（1995）は青年と両親の関係についての理論は，①青年と両親の世代間のずれ，葛藤，反抗分離，脱理想化などによって特徴づけられる「分離と葛藤を強調する立場」，②青年と両親の間の愛着関係，親密性，結合性，依存性などによって特徴づけられる「愛着を主張する立場」，③さらに両者を統合した「心理的離乳と愛着の統合的立場」に分けられるとしている。第3の立場においては，青年が自己の視点と同時に親の視点を取得するなかで，青年のアイデンティティ形成が進み，親子関係が変化していく過程を記した研究がみられる。たとえば，杉村（2005）やSugimura（2007）では，親子の間で，自他の視点についての認識がない段階から，やがて双方の視点を獲得し，相互の視点の明確化がなされ，自他それぞれの視点の意味づけがなされていくプロセスのなかで，個人が明確な世界観を獲得していくことが明らかにされている。また平石（2007）はグローテヴァントら（H. D. Grotevant & C. R. Cooper）の一連の個性化モデルを援用して，行動観察法を用いた日本の青年－両親関係の研究を行った。その結果，学校環境，友人関係のみならず，親子関係も青年の心理的適応に大きな影響を及ぼすことを見出した。また親子間のコミュニケーションについても，独自性（自己主張や自他の違いを表明すること）と，結合性（相手の見解に対して応答たり，感受性と敬意を示すなど）がともに高いと認知している中学生・高校生ほど，心理社会的に望ましい発達をとげていることを見出した。

以上のように，青年期の親子関係は，青年が一方的に親から分離していくだけのプロセスを経るものではないことが，最近の研究からは明らかになってきている。

## 第5節　友　人　関　係

### (1)　友人へのシフト

親子関係とは反対に，青年期には，友人関係が重要な意味をもってくる。

精神分析学者のブロス（P. Blos）は，この内的過程を次のように説明している。青年期に入ると両親表象にリビドーが投入されにくくなり，超自我が弱体化する。一方，浮動化したリビドーは，一部は空想やマスターベーション，あるいは家族外の同性との交友関係へと向けられ，一部は自己愛リビドーへ変換され，現実検討能力の低下や万能感などが生じてくる。この時期の同性の友人との関係は，親密かつ性的興味を分かちあう親友関係であり，自分が所有したいと願う資質をもつ人，あるいは自分がなりたいと望む相手として相互に理想化しあうような関係と考えられている。これは自分自身の延長としての友人であることから，「自己愛的対象選択」と呼ばれている。青年期後期までの間に，こうした関係を自分自身の内面に取り入れることをとおして，青年は「自我理想」と呼ばれる自我親和的な内的状態を獲得し，また友人との関係も，互いの相違点を認めあった関係へと変化していく（岡田，1997；皆川，1980）。

コールマン（Coleman, 1980）は，青年期の友人関係の意味として次の3点をあげている。

①急激な身体成長，社会や自分自身の情動への認識など未知の体験に伴い，青年自身の中に依存心が高まり，自分と似た境遇の者を求めるようになる。

②心理的離乳に伴って，自分自身への不確実感や自己疑惑が生じる。依存心は高いが親には頼りたくないという状態によって，友人への接近が生じる。

③仲間を準拠集団とすることで，新たな行動規範を学習し，これと自分自身の欲求との間で調整をはかる必要性が生じる。

また，松井（1990）は，青年期の友人関係の機能（特に社会化に果たす役割）として，

①緊張や不安，孤独などの否定的感情を和らげ解消してくれる存在としての「安定化機能」

②「社会的スキルの学習機能」

③友人が自己の行動や自己認知のモデルとなる「モデル機能」

をあげている。

14歳から16歳ころまでは，共通の興味，関心をもてる少数の友人との排他的な関係の中で，内的不安を和らげ，悩みを打ち明けるような関わり方が中心となる。やがて10代後半以降，互いが自立した存在として認めあった関係へ

と変化していく（Gesell, 1956；上武，1974；Damon, 1983）。しかし，落合・佐藤（1996）の中学・高校・大学生の友人関係のもち方についての調査では，中学・高校生よりも大学生の方が選択的で限定的なつきあいの程度が高く，また年代が高いほど自己開示的で積極的な友人関係をとることを見出した。このように，親密で排他的な少数の友人との関係が青年期において見られることは一貫しているが，現代の日本においては，こうした特徴はむしろ青年期後期に顕著に現れるようである。

### (2) 現代の友人関係

一方，現代の青年については，友人との深いかかわりを遠ざけ希薄な関係にとどまる傾向が指摘されている。こうした言説は1980年代後半ころから徐々に見られるようになってきた。東京都生活文化局（1985）によると，「おたがいに，心を打ち明けあう」「友だちに，ウケるようなことをよくする」など円滑で楽しい友人関係を求めながらも，「おたがいに，相手に甘えすぎない」「おたがいの領分に，ふみこまない」など関係の深まりを拒絶する傾向が中学生・高校生の間で顕著に見られた。岡田（2007）は，現代青年の友人関係の特徴として，表面的で円滑な関係を求める「群れ」傾向，お互いを傷つけあわないよう気を遣いながらかかわる「気遣い」傾向，自分の深い内面を開くことを避ける「関係回避」傾向を見出した。しかし，これらの特徴から青年を分類した場合，従来の青年心理学が記述するような内面的に深いかかわりを求める青年も一定数見られることから，友人関係の変貌が青年全体に及ぶものではないとも考えられる。また，現代青年の友人関係は必ずしも希薄化しておらず，むしろ多くのチャンネルを選択的に使い分けるなど，高い対人的な能力を有するようになったという指摘もある（浅野，2006など）。竹内（2009）も，高校生に対する調査から，友人数が多い群では，選択的な友人関係の中で活発で満足感の高い関係を築いていることを見出している。このように現代の青年の友人関係については多方面からの議論が進行しており，一面的なとらえ方ができないことには注意を要する。

## ■引用文献

赤塚泰三（1964）．青年期心性の根本構造　心理学評論, **8**, 112–121.

青木多寿子（2002）．認知発達の心理学：U字型発達曲線の解釈に見る青年期前期の認知特性　九州大学出版会

浅野智彦（2006）．若者の現在　浅野智彦（編）　検証・若者の変貌：失われた10年の後に　勁草書房　pp. 233–260.

Bandura, A. (1972). The stormy decade: Fact or fiction? In D. Rogers (Ed.), *Issues in adolescent psychology* (2nd ed.) New York: Appleton. pp. 91–97.

Coleman, J. C. (1980). Friendship and the peer group in adolescence. In J. Anderson (Ed.), *Handbook of adolescent psychology*. New York: John Wiley & Sons. pp. 409–431.

Damon, W. (1983). *Social and personality development*. New York: Norton.［山本多喜司（編訳）（1990）．社会性と人格の発達心理学　北大路書房］

Elkind, D. (1967). Egocentrism in adolescence. *Child development*, **38**, 1025–1034.

Gesell, A. L. (1927). *Youth: The years from ten to sixteen*. New York: Harper & Row.［新井清三郎・高木俊一郎・平井信義（訳）（1972）．青年の心理学：10歳より16歳まで　ゲゼル心理学シリーズ3　家政教育社］

Heaven, Patrick C. L. (1994). *Contemporary adolescence: A social psychological approach*. Melbourne: Macmillan Education Australia.

平石賢二（1995）．青年期の異世代関係：相互性の視点から　落合良行・楠見　孝（編）講座生涯発達心理学4　自己への問い直し：青年期　金子書房　pp. 125–154.

平石賢二（1999）．親子関係の変化　佐藤有耕（編著）　高校生の心理1　大日本図書　pp. 125–150.

平石賢二（2007）．青年期の親子間コミュニケーション　ナカニシヤ出版

人見和彦（1988）．女性の成長と心の悩み：女子大生の自分史を通して　創元社

柏木惠子（1983）．子どもの「自己」の発達　東京大学出版会

加藤隆勝（1987）．青年期の意識構造　誠信書房

木下孝司（1998）．幼児が「心」に気づくとき　丸野俊一・子安増生（編）　子どもが「こころ」に気づくとき　ミネルヴァ書房　pp. 33–55.

久保ゆかり（1998）．「気持ちを読みとる心の成長」　丸野俊一・子安増生（編）　子どもが「こころ」に気づくとき　ミネルヴァ書房　pp. 83–107.

久世敏雄（2000）．青年期とは　福富　護・二宮克美・高木秀明・大野　久・白井利明（編）　青年心理学事典　福村出版　pp. 4–5.

松井　豊（1982）．対人行動の発達　詫摩武俊・飯島婦佐子（編）　発達心理学の展開　新曜社　pp. 258–278.

松井　豊（1990）．友人関係の機能「青年期における友人関係」　斎藤耕二・菊池章夫（編著）　社会化の心理学ハンドブック　川島書店　pp. 283–296.

松元泰儀（1997）．親子関係　加藤隆勝・高木秀明（編）　青年心理学概論　誠信書房　pp. 98–109.

皆川邦直（1980）．青春期・青年期の精神分析的発達論――ピーター・ブロスの研究をめぐって　小此木啓吾（編）　青年の精神病理2　弘文堂　pp. 43-66.

村瀬孝雄・村瀬嘉代子（1973）．事例研究による平均的青年の人格発達過程　精神衛生研究, **22**, 11-25.

向井隆代（2000）．身体発達　福富　護・二宮克美・高木秀明・大野　久・白井利明（編）　青年心理学事典　福村出版　p. 88.

西平直喜（1990）．成人になること　東京大学出版会

日本性教育教会（編）（2013）．「若者の性」白書：第7回青少年の性行動全国調査報告　小学館

落合良行・佐藤有耕（1996）．青年期における友達とのつきあい方の発達的変化　教育心理学研究, **44**, 55-65.

Offer, D., & Offer, J. (1975). *From teenager to young adulthood*. New York: Basic Books.

岡路市郎（1973）．青年心理学の系譜　依田　新・大西誠一郎・斎藤耕二・津留　宏・西平直喜・藤原喜悦・宮川知彰（編）　青年心理学研究の課題と方法　現代青年心理学講座1　金子書房　pp. 195-245.

岡田　努（1997）．人間関係の発達と病理　斎藤　勇（編）　人間関係学トピックス100　誠信書房　pp. 154-181.

岡田　努（2007）．現代青年の心理学――若者の心の虚像と実像　世界思想社

小野寺敦子（1993）．日米青年の親子関係と独立意識に関する比較研究　心理学研究, **64**, 147-152.

齊藤誠一（2002a）．青年心理に関する諸説　落合良行・伊藤裕子・齊藤誠一（編）　ベーシック現代心理学4　青年の心理学　改訂版　有斐閣　pp. 11-24.

齊藤誠一（2002b）．自分の体は自分のものか　落合良行・伊藤裕子・齊藤誠一（編）　ベーシック現代心理学4　青年の心理学　改訂版　有斐閣　pp. 51-70.

関　峋一（1997）．身体の発達加速と心理的発達　加藤隆勝・高木秀明（編）　青年心理学概論　誠信書房　pp. 50-65.

清水将之・頼藤和寛（1976）．青春期危機について（その1）文献展望と予備的考察　精神医学, **18**, 145-152.

白井利明（1997）．青年心理学の観点からみた「第二反抗期」　心理科学, **19**, 9-24.

東京都生活文化局（1985）．大都市青少年の人間関係に関する調査：対人関係の希薄化の問題との関連からみた分析　東京都青少年問題調査報告書

杉村和美（2005）．関係性の観点から見たアイデンティティ形成における移行の問題　梶田叡一（編）　自己意識研究の現在2　ナカニシヤ出版　pp. 77-100.

Sugimura, K. (2007). Transitions in the process of identity formation among Japanese female adolescents: A relational viewpoint. In R. Josselson, A. Lieblich, & D. P. McAdams (Eds.), *The meaning of others: Narrative studies of relationships*. Washington, DC: American Psychological Association, pp. 117-142.

竹内慶至（2009）．友人関係は希薄化しているのか　友枝敏雄（編）　現代の高校生は何を考えているのか：意識調査の計量分析をとおして　世界思想社　pp. 38-60.

詫摩武俊・菅原健介・菅原ますみ（1989）．羊たちの反乱――現代青少年の心のゆくえ　福武書店
上武正二（1974）．発達心理学総説　金子書房
山田順子（1988）．青年期の母子関係　心理学評論, **31**, 88-100.

# 第6章　青年期後期から成人前期へ

## 第1節　アイデンティティの発達

### (1) アイデンティティとは

**1) 社会の変化に伴う自己定義の難しさ**　青年期に関する初めての専門書がホール（G. S. Hall）によって1904年に著されたように，青年期に関する関心は20世紀になってから高まった。その原因は，産業が発達し，若者たちが社会人となるためには，長期の訓練期間，学習期間が必要になったこと，また，そのために勤労しない若者たちを養えるだけの経済力が社会についてきたことなどがある。こうした状況の中で青年期が成立していった。それから100年以上経過した現在でもこの状況は同様で，さらに高度情報化する現代社会ではその環境条件はより強まり，青年期の長期化の原因となっている。

さらに，高度情報化に伴い，社会変化のサイクルも速まり，社会の構成員の流動化も進んでいる。したがって，過去に比べ，職場の移動，転職も容易に行われるようになり，こうした社会に対応するため，個人の自己定義も容易に変化し，流動化することになった。現代社会の中では，はっきりと確定した人生に対する確信がもちづらく，人生のやり直しの可能性を意識しなければならない状況が発生し，青年期と成人期の境界すら明確でなくなってきている。

こうした状況の中で，社会人として独り立ちするための自己決定の問題は，アイデンティティの主題として浮上し，より重要性が増している。

**2) 青年期の主題，アイデンティティ**　フロイト（S. Freud）の精神分析の流れをくむエリクソン（Erikson, 1959）は，フロイトの心理－生物学的発達

（死へのレディネス）

| | | | | | | | | |
|---|---|---|---|---|---|---|---|---|
| Ⅷ 成熟期 | | | | | | | | 統合性 対 嫌悪・絶望 |
| Ⅶ 成人期 | | | | | | | 世代継承性 対 自己吸収 | |
| Ⅵ 初期成人期 | | | | | 連帯感 対 社会的孤立 | 親密さ 対 孤立 | | |
| Ⅴ 青年期 | 時間的展望 対 時間的展望の拡散 | 自己確信 対 自己意識過剰 | 役割実験 対 否定的同一性 | 達成期待 対 労働麻痺 | アイデンティティ 対 アイデンティティ拡散 | 性的同一性 対 両性的拡散 | 指導性の分極化 対 権威の拡散 | イデオロギー分極化 対 理想の拡散 |
| Ⅳ 学童期 | | ↑ | | 生産性 対 劣等感 | 労働アイデンティティ 対 アイデンティティ喪失 | | | |
| Ⅲ 遊戯期 | （その後のあらわれ方） | | 主導性 対 罪悪感 | | 遊戯アイデンティティ 対 アイデンティティ空想 | ←　（それ以前のあらわれ方） | | |
| Ⅱ 早期幼児期 | | 自律性 対 恥・疑惑 | | | 両極性 対 自閉 | | | |
| Ⅰ 乳児期 | 信頼 対 不信 | | | | 一極性 対 早熟な自己分化 | | | |
| 社会的発達 生物的発達 | 1口唇期 oral | 2肛門期 anal | 3男根期 phallic | 4潜伏期 latent | 5性器期 genitality | 6成人期 adult | 7成人期 -- | 8老熟期 -- |
| 中心となる環境 | 母 | 両親 | 家族 | 近隣・学校 | 仲間・外集団 | 性愛・結婚 | 家族・伝統 | 人類・親族 |
| virtue 徳 | hope 希望 | will 意志力 | goal 目標 | competency 適格性 | fidelity 誠実 | love 愛 | care 世話 | care 世話 |

**図6-1　エリクソン，E. H. の精神発達の漸成理論図**（epigenetic chart）（西平，1979）
西平直喜，1979「青年期における発達の特徴と教育」『子どもの発達と教育　6』岩波書店を修正
図6-1の説明：この漸成発達理論とは，健康な自我発達のモデルを示したもので，対角線上に各発達段階で最も顕著となる自我発達のテーマが，対立する2つの概念で示されている。そして，各発達段階において相対的に2つの概念のうちどちらかに傾くかの分岐点，いわば峠が，危機（crisis）と呼ばれている。さらに，より初期の発達のテーマがうまく統合されていくことが，それに続く後のテーマの統合に有効に働くという漸成的な連続を説明している。また，対角線以外の枠内には，青年期の水平方向に入れられているのと同様に，論理的には，各発達段階でそれ以前のテーマの現れ，または，それ以後のテーマの徴候が入るのであるが，エリクソン自身，他の枠についてすべてを埋めるという作業は行っていない。

論を発展させ，心理社会的な自我発達論を構築した。この理論は，漸成発達理論と呼ばれ，人格発達について人間の一生を8段階に分け，それぞれの段階の自我発達について理論化したものである（図6-1参照）。本章では，青年期以降の人格的発達について，この漸成発達理論から解説する。

この中で，第5番目の段階である青年期の主題は，アイデンティティの統合であると述べられている。

**3）アイデンティティの定義**　エリクソン（1959）は，アイデンティティの感覚について「内的な不変性（Sameness）と連続性（Continuity）を維持する各個人の能力（心理学的意味での自我）が他者に対する自己の意味の不変性と連続性とに合致する経験から生まれた自信」であると述べている。

この定義は「私は他の誰とも違う自分自身であり，私はひとりしかいない」という不変性の感覚と，「いままでの私もずっと私であり，今の私も，そして，これからの私もずっと私であり続ける」という連続性の感覚をもつ個性をもった主体的な自分が，社会的な自分，すなわち，社会の中で認められた地位，役割，職業，身分などの「～としての自分」という感覚に合致している，安定感，安心感，自信を意味している。言い換えるならば，「主体的な私が主体的であると同時に社会的な私である実感，自覚，自信，誇り，責任，使命感，生きがい」の総称と言える。

**4）アイデンティティの働き**　エリクソンは，この青年期におけるアイデンティティの統合を人生における最も重要な主題であると述べている。

その理由は，各個人のアイデンティティが，その人の行動，考え方，生き方にさえ影響を及ぼすからである。

たとえば，1年ほどのクラブ・サークル活動の部長など責任ある立場になった学生でさえ，「私がこのクラブを背負って立つ」というアイデンティティが，学生の意識や行動を変えさせる。

また，「どうせ私は不美人よ」という否定的なアイデンティティが，自ら，自分を異性から遠ざけてしまう。

さらには，F1レースの世界チャンピオンは，命がけでアクセルを踏む。時には，事故で命を落とすことさえある。なぜ，彼は命まで賭けて危険な挑戦をするのであろうか。それをさせるものは，「私はF1レースの世界チャンピオンである」という自覚とプライド，つまり，アイデンティティである。この場合，彼にとって生命よりもアイデンティティのほうが重要度が高いのである。

### (2) アイデンティティのバリエーション

**1) 発達的アイデンティティ**　一般的に青年期に直面するアイデンティティ選択の課題は，進路，就職，価値観，跡取り問題などに現れてくるが，それ以外にも，人はさまざまな形でアイデンティティの問題に直面する。

たとえば，同級生からの結婚披露宴への招待状に「私の同世代がそんな年齢になったのか」と驚く。また，「私も30歳か。しっかりしなくては」と自覚を新たにする。こうした年相応の意識や行動を自覚させるアイデンティティを発達的アイデンティティと呼ぶ。

**2) 性役割アイデンティティ**　かつての伝統的文化の中では，男の子は，「元気にたくましく」，女の子は「おしとやかにおとなしく」などの「らしさ」を，親や社会から期待され要求された。こうした性役割に関する周囲からの期待への自覚と意識を性役割アイデンティティと呼ぶ。しかし，現代ではLGBTが社会的に広く受け入れられるなど，社会は，性差を強調しない方向に大きく変化し，青年自身のアイデンティティも大きく変容しようとしている。

**3) 否定的アイデンティティ**　他のアイデンティティのほとんどは，周囲からの期待に応えようとの自覚を促し，その個人の意識や行動に肯定的にはたらく場合が多いが，社会的には否定的な方向に人を導いてしまうアイデンティティも存在する。これを否定的アイデンティティと呼ぶ。

たとえば，「私はどうせ数学なんかできない」「私はどうせもてない」「俺はどうせ不良だ」などのアイデンティティである。こうした自己意識について客観的に考察してみると，事実がその人の意識や行動に影響したのではなく，逆にそうした意識が行動に影響していると考えられる場合も多い。

このような否定的アイデンティティの形成の過程には，親や教師，世間からの「こんなことをするのはどうせお前だろう」「やっぱりお前か」などの先入観による決めつけと,「どうせみんな俺のこと不良と思ってるんだろう。それなら，そのとおりしてやろうじゃないか」といった自暴自棄的自己定義の相互作用がその背景にある。

またこのような否定的自己定義によって自己破壊的行動に出ることは，本来,自分を心配してくれるべき周りの人たちに心配をかけるという形で，ある意味での復讐という内容も含まれていることもある。

したがって，青年たちに否定的アイデンティティを形成させるような言動は慎むべきであるとともに，否定的アイデンティティの背後にあるつらさ，悲しみを理解することも重要である。

**4）歴史的アイデンティティ**　自分がその中で生きている集団，社会，世界に意味ある存在として，時間を越えて，自己のアイデンティティを位置づけることのできる場合，これを歴史的アイデンティティと呼ぶ。

たとえば西平（1983）は，同年生まれ，ほとんど同じ経済状況，しかも，学んだ時期こそ違え「適々斎塾」の同門であったにもかかわらず，20歳を過ぎて，既に藩主の信頼を受け，幕末の志士活動に東奔西走し，その結果，安政の大獄で25歳の若さで処刑された橋本左内と，明治維新の混乱に巻きこまれることなく，67歳の長寿を保ち，明治の思想，教育，政治，経済に大きな足跡を残した福澤諭吉の明治維新への関わり方を歴史的アイデンティティの違いから見事に描き出している。

このような偉人と呼ばれるような生き方ではなく，平凡な人生の中でも，建築にたずさわり建築物を残す，教育者として子どもたちを育てるなどのように職業をとおして，また，親として子育てなどをとおして，人は歴史的なアイデンティティを感じていることも多い。

## (3) 危　機　と　は

**1）危機の意味**　危機とは，漸成発達理論の中では，本来，各発達段階の転機，前進か退行か，統合か遅滞かを決定する分かれ目を意味している。青年期に関して言うと，社会の中で生きていく一人前の人間としてのアイデンティティが統合できるか，選択できるかの分岐点を意味している。

「若い」という言葉と「大人」という言葉の意味するものを比較してみると，「若い」には，これからの「可能性」と同時に「未熟さ」という両義的な意味が含まれており，逆に，「大人」という言葉には，「可能性はない」が，「キャリアがある」とか，「成熟」という意味が含まれている。ひとつの選択肢を選ぶことは，同時に他の選択肢を捨てることである。しかしこの選択をしない限り，社会で認められるキャリアを積む条件が満たされない。

したがって選択には，選ぶという自由の背後に，それを選んだことに対する責任が存在する。

**2）危機の解決の仕方**　青年期における危機は，進学，就職，跡取り問題，クラブ・サークル，友人関係などの日常的な場面や実習，インターンシップ，路上ライブなど将来の職業を実際にやって試す「役割実験」の中で発生する「悩み」「迷い」といった形で現れてくる。

青年期には，「自分が悩んでいることに悩んでしまう」ことも多いが，一生のアイデンティティを決定するということの重大さに鑑みると，むしろこの時期に悩むことは必然と言うこともできる。

### (4) アイデンティティ・ステイタス

**1）アイデンティティ・ステイタスとは**　マーシャ（Marcia, 1966）は，青年期における危機の解決のプロセスを，①役割の試みと意思決定期間である「危機」（crisis）と，②人生の重要な領域に対する「積極的関与」（commitment）という2つの基準によって表6-1に示した4つの類型に分類した。この類型がアイデンティティ・ステイタス（identity-status）と呼ばれている。マーシャがこの概念枠を提出してから，アイデンティティ・ステイタスに関する研究は全世界的に非常に盛んである（鑪，1984など参照）。

それぞれのステイタスの特徴は以下のとおりである。

**2）達成（achievement）**　達成の青年は，危機も経験し，自ら選んだ人生の重要な領域に対する積極的関与もしている青年たちである。彼らは，人生の

**表6-1　アイデンティティ・ステイタス**（Marcia, 1966）

<table>
<tr><th colspan="2">アイデンティティ・ステイタス</th><th>危　機</th><th>積極的関与</th></tr>
<tr><td colspan="2">アイデンティティ達成（identety achiever）</td><td>すでに経験した</td><td>している</td></tr>
<tr><td colspan="2">モラトリアム（moratorium）</td><td>現在，経験している</td><td>あいまいである，あるいは積極的に傾倒しようとしている</td></tr>
<tr><td colspan="2">フォークロージャー（早期完了，foreclosure）</td><td>経験していない</td><td>している</td></tr>
<tr><td rowspan="2">アイデンティティ拡散（identity diffusion）</td><td>危機前（pre-crisis 拡　散　diffusion）</td><td>経験していない</td><td>していない</td></tr>
<tr><td>危機後（post-crisis 拡　散　diffusion）</td><td>すでに経験した</td><td>していない</td></tr>
</table>

価値，職業，人間関係などについて，主体的に選び取り，かつ自分の選択に対する責任ももっている。彼らは青年期の活力（virtue）である誠実さ（fidelity）を特徴とし，安定した人間関係をもっている。理論的にはアイデンティティ統合のプロセスの最終型ではあるが，現実には，青年期でこの段階に到達しているものは少ない。

**3）モラトリアム（moratorium）**　モラトリアムの青年は，現在危機を経験中である。積極的関与をする対象を模索中であるので，特定の対象に関する関与はあいまいである。

本来，エリクソンは，経済学における支払猶予期間をモラトリアムと呼ぶことになぞらえて，青年期という社会的責任の猶予期間を，モラトリアムと呼んだが，マーシャはその中でもよりモラトリアム的に生きている青年群を「モラトリアム」という類型とした。

さらに，モラトリアム概念を発展させ，小此木（1977）は，現代青年のしらけや自我分裂，遊び感覚といった否定的な特徴をもつ青年群をモラトリアム人間と呼んだ。

また，西平（1979）は，自己親和的な自我に対する構えをもちながら，より大きな自己決定のために目前にある小さな自己決定ができない状況で，決定を延期している青年群をアイデンティティ・フリーと呼んでいる。

**4）フォークロージャー（foreclosure）**　フォークロージャーは，親や教師など年長者の価値観を無批判に受け入れるなど，危機を経験することなく，人生の領域に関する積極的関与をしている青年たちである。たとえば，職業選択について，親が教師で子どもの小さい時から，「教師はよい職業で，お前も教師になることがよい」などと言い続けた場合などが考えられる。

彼らは見せかけの自信をもっているが，自らの選択が，主体性に基づいて決められたものではないため，その価値観が揺さぶられるような状況ではいたずらに防衛的になる。そのほか，権威主義，融通が利かないことなどを特徴としている。

**5）拡散（diffusion）**　拡散は，危機の経験の有無にかかわらず，積極的関与することができない青年群である。彼らは，人生の可能性のあるいくつかの選択肢を前にして，選択ができず途方にくれている状態と言える。彼らの特徴として，自己嫌悪感と無気力，むなしさ，孤立感，内的連続性と不変性の喪失，恥ずかしさ，自意識過剰，焦燥感，偶然に身をまかすこと，希望の喪失，時間的展望の拡散，不信感などがあげられる。

## 第2節　親密性の発達

### (1) 親密性とは

エリクソンの漸成発達理論の中で，青年期に続く初期成人期の発達の主題は，「親密性対孤立」である。青年期に，人生における価値，職業などアイデンティティに関する自分の問題を解決した後，一生を共に生きるパートナーとの人間関係をつくり上げることがこの時期の課題であるとされている。

「親密さというのは，自分の何かを失いつつあるのではないかという恐れなしに，自分のアイデンティティとほかのだれかのアイデンティティとを融合する能力のこと」と，エリクソンは説明している。

つまり，この説明では，パートナーとの人間関係をつくり上げるということは，自信を失ったり不安になったりすることなく，2人でひとつの個性，ひとつのアイデンティティをもつという可能性を意味している。確かに，日常生活の中で，ひとつの集団として「～家らしさ」を発揮しながら，社会参加している「家族」などでこのことは観察できる。

これは，常識的な「アイデンティティとは個の存在を意味するもの」というステレオタイプを越え，アイデンティティを複数の人間が共有することのできる可能性を示している。

また，エリクソンは，「本当に2人になること true twoness の条件は，ひとりひとりがまず自分自身であること」と述べ，人と親密になるためには，個々のアイデンティティ統合が重要であることを指摘している。

### (2) アイデンティティのための恋愛

しかし，まだ自分のアイデンティティに自信をもてない段階で，異性との交際を始めてしまうと，親密性を発揮できることはなく，むしろ，自己のアイデンティティを補強するために，その人間関係を利用してしまうことがある。

大野（1995，2010a，2010b）は，学生のレポートの分析からこの現象を「アイデンティティのための恋愛」と呼んでいる。

その特徴としては，①相手からの賛美，賞賛を求めたい（「好きだ，素敵だ」といって欲しい），②相手からの評価が気になる（「私のことをどう思う」という），③しばらくすると，呑み込まれる不安を感じる（「話すことがなくなる」，「自分がなくなるようで怖い」），④相手の挙動に目が離せなくなる（「相手が自分のことを嫌いになったのではないか」と気になる）などが顕著で，⑤結果として交際が長続きしないことが多い（大野，1995）。

こうした現象について，エリクソンが「青年期の恋愛は，その大部分が，自分の拡散した自我像を他人に投射することにより，それが反射され，徐々に明確化されるのを見て，自己の同一性を定義づけようとする努力である」と述べている。

つまり，まだ自信がもてない自分のアイデンティティを支えるものとして相手からの賛美，賞賛を用いて，「自分に自信はもてないが，相手が賞賛してくれるのだから，きっとこのままでもよいのだろう」と考えるのである。したがって，相手からの評価は，自己の存在証明につながるものとして，重要なものとなり，また，恋人を失うことは，自己存在の基盤を失うことに直結するので，相手の言動には過敏にならざるをえない。

しかし，自己のアイデンティティが確かなものではないために，心理的により親密な関係になると，自我の境界があいまいになり，相手に吸収されてしまうような不安を感じる。これが「呑み込まれる不安」である。

さらに，交際している2人ともが，このような状態になると，「相手を賛美することなしに，相手からは賛美されたい」ことになり，つまり，相手からは賞賛をえることができず，相手を賞賛し続けなければならない関係に陥る。このような関係は，義務的なものか互いを傷つけあう関係に簡単に移行する。したがって，交際が長続きしない場合が多い。

### (3) 愛

初期成人期の親密性を促進する活力は，「愛」であると述べられている。

愛には，無条件性と相互性という特徴がある。

無条件性とは，愛情に，「もし～したら，あなたを愛する」という条件をつけないこと，相手の欠点を許し，全人格的に愛することを意味している。このような愛し方は，新生児に対する母性愛，長年連れ添った老夫婦などで観察することができる。さらに，母親が，子どもへの愛情に条件をつけることの悪影響は，ロジャーズ（Rogers, 1951）などによって指摘されている。

愛のもうひとつの特徴は，シュプランガー（Spranger, 1924）が「自己のすべてを相手に与え，相手の喜びや成長や幸福そのものが，そのまま自己の喜びや成長や幸福につらなっている『無所有の原理』」と述べているように，相手の喜びが，自分の喜びと感じられるような相互性である。エリクソンは，この現象を「母子間の相互調整機能」として指摘している。このことは，「子どもの笑顔で子育ての苦労を忘れる」といった表現に表されるものである。

「アイデンティティのための恋愛」も，交際が短時間で終わることなく継続する場合，レポートの中には，時間の経過とともにより愛的な関係に進んでいくことを報告しているものも存在する。

そのような場合，①相手への配慮（「私も彼もお互い同じだけ相手のことを思うようになった」），②相互性（「相手が喜んでくれる姿を見ると自分もうれしくなる」），③身体症状の消失（「一緒にいてもちっともドキドキしないけれど，心から好きだといえる」)，④人生のパートナーシップ（「自分のことのように真剣に相談にのってくれる」)，⑤時間的展望の拡大（「彼が父親になって子どもを肩車して公園を歩く姿を鮮明に思い浮かべることができる」)，⑥防衛の消失（「言いたいことが何でも言える」)，⑦無条件性（「欠点を含めてスキと言えることができます」）などの特徴が現れる。

## 第3節　親密性から世代継承性へ

### (1) 世代継承性とは

漸成発達理論の中で，初期成人期に続く段階は成人期である。初期成人期において，パートナーとの人間関係をつくることを獲得した後の成人期の発達の課題は，「世代継承性」(generativity，「生殖性」「世代性」と訳されることもある）である。

エリクソンは，「(成熟した）伴侶たちは自分たちのパーソナリティとエネルギーを共通の子孫を生み出し，育てることに結合したいと考えるように」なり，この願望を基盤に広がっていく「次の世代の確立と指導に対する興味・関心」を世代継承性と呼ぶと述べている。

世代継承性を発揮する形としては，文字どおり子孫を産み育てること以外にも，次世代に残すものをつくり上げることも含まれている。たとえば子どものいない芸術家が「この作品は我が子のようなものです」などと表現する場合がこれに当たる。これ以外にも，いわゆるライフワークと呼ばれるような仕事はこの世代継承性の表現と言える。

わが国では，一生のうちで最も生産性の高い時期を，「働き盛り」と表現することがあるが，これはまさに世代継承性の表現である。

またはアイデンティティとの関連で考えると，青年期で統合の方向を志向した歴史的アイデンティティの具体的実践と言うこともできる。人は世代継承性の実現によって，子ども，後輩，弟子，仕事，作品など自分の生きた証を次世代に残す。また，こうしたものを残したいという欲求は，フランクル(Frankl, 1952）が，人間の根源的な動機を「意味への意志」と呼んだのと同じ意味で，人間の究極の欲求のひとつと考えてもよいかもしれない。

■引用文献

Erikson, E. H. (1959). Identity and life cycle: Selected papers. In *Psychological Issues Monograph*, Vol. 1. New York: International Universities Press. [小此木啓吾（訳）(1973). 自我同一性　誠信書房]

Frankl, V. E. (1952). *Aerztliche Seelsorge*. Wien: Franz Deuticke. [霜山徳爾（訳）(1957). 死と愛　みすず書房]

小此木啓吾（1977). モラトリアム時代の人間　中央公論（10月号）

Marcia, J. E. (1966). Development and validation of ego-identity status. *Journal of Personality and Social Psychology*, **3**, 551-558.

西平直喜（1979). 続アイデンティティ（2）青年心理　12巻　金子書房　pp. 153-172.

西平直喜（1983). 青年心理学方法論　有斐閣

大野　久（1995). 青年期の自己意識と生き方　落合良行（他編）講座　生涯発達心理学　第4巻　自己への問い直し――青年期　金子書房　pp. 89-123.

大野　久（2010a). アイデンティティ・親密性・世代性：青年期から成人期へ　岡本祐子（編著）成人発達臨床心理学ハンドブック　ナカニシヤ出版　pp. 60-72.

大野　久（2010b). エピソードでつかむ青年心理学　ミネルヴァ書房

Rogers, C. R. (1951). *Client-centered therapy*. Boston: Houghton Mifflin.

Spranger, E. (1924). *Psychologie des Jugendalters*. Heidielberg: Quelle & Meyer Verlag. [土井竹治（訳）(1973). 青年の心理　五月書房]

鑪　幹八郎（1984). 自我同一性研究の展望　ナカニシヤ出版

# 第7章 子育て施設と学校

## 第1節 就学前の保育と教育を支える基盤

### (1) 生活の場としての保育所と学校

子どもたちの発達を支える場の多くは家庭から始まるが，成長につれて，それが保育所や幼稚園，小学校，中学校，高等学校などへと移っていく。もちろん戸外の遊びや塾通いなどで経験する集団活動もあるが，これらを除けば一日の大半を過ごす場は保育所や学校である。いうまでもなく人格形成に果たす子育て施設や学校の役割は非常に大きくなってくる。

このような見方に立つと，これまでの章で見てきた子どもたちの姿は，家庭，保育所，学校における生活で繰り広げられている営みでもあり，その中での成長と発達の過程であるとも言える。乳幼児期の家庭教育が子どもたちの成長と発達に果たすさまざまな影響は絶大であるが，やがて，その影響の源は保育施設や学校へと重心移動していく。子どもの成長と発達の姿はとりまく文化や教育の影響下で展開される（Bronfenbrenner, 1979）。

以下では，成長と発達を支える場である保育所などの児童福祉施設，幼稚園から始まる学校教育の特徴を見ていく。そして，これら保育所や学校が目指している子どもたちの成長と発達の姿をたどりながら，これまでに描かれた子どもたちの姿の方向性について追補していく。

### (2) 保育と教育の受け入れ年齢

保護者が子育て施設や学校を利用するには，まずは，市区町村から認定を受けることが必要になる。現在のところ，この認定には3種類ある。表7-1には

表7-1　幼稚園，保育所，認定こども園の比較

| | 幼稚園 | 保育所 | 認定こども園 |
|---|---|---|---|
| 原則的な一日の利用時間 | 4時間<br>（昼過ぎまで） | 8-11時間<br>（夕方まで） | 8-11時間<br>（夕方まで） |
| 長期の休み | 春，夏，冬休み | なし | なし |
| 認定のタイプ* | 1号認定 | 2号，3号認定 | 1-3号認定 |
| 所管 | 文部科学省 | 厚生労働省 | 内閣府 |

1号認定　3歳以上で学校教育のみを受ける子供
2号認定　3歳以上で保育を必要とする子供
3号認定　3歳未満で保育を必要とする子供

認定による受け入れ機関やその条件についての概略がまとめられている。

親が3歳未満の子どもの保育を希望する時は，認定は3号認定となる。受け入れ先については厚生労働省所管の保育所が一般的である。この3号認定の子どもたちに関しては，内閣府所管である認定こども園にも該当する。これらはいずれも春夏冬の長期休み期間でも受け入れる。利用時間もかなり長時間である。したがって，同年齢の集団生活を送る時間は十分に長い一方で，子どもたちに接する家庭教育の場のほうについては時間的に制限されたものになる。

3歳以上になっての保育を希望する時は，2号認定となる。2号認定では，子どもたちがその年齢に達すると年度の途中からの受け入れが可能となるので，園では毎月のように入園児が増えてくる。

3歳以上で学校教育のみを受ける子どもたちは1号認定に該当し，これには幼稚園がある。幼稚園は学校教育法に定める「学校」であるから，小学校や中学校などと同様に，春夏冬の長期休業がある。幼稚園では受け入れ時間の基本は4時間であり，小学校，中学校，高等学校へと進むに従って学校に滞在する時間は長くなっていく。

認定こども園の数は全国的に増加しているが，その一因は保育所との部分的な違いにある。第2子を授かって仕事を辞める場合には，現在の制度では基本的には第1子は保育所への通園をやめなければならないのであるが，認定こども園の場合では引き続いて預けることができる。すなわち保護者が働いているいないにかかわらず就学前児を受け入れて，教育及び保育を一体的に行う機能を備えている。認定こども園の類型としては，現在，次の4タイプがある。

幼保連携型：幼稚園機能と保育園機能の両方を併せ持つ単一の施設。

幼稚園型：幼稚園であるが保育時間の確保などにより保育所的な機能を備える施設

保育所型：認可保育所が保育を必要としない子どもをも受け入れて幼稚園的な機能を果たす施設

地方裁量型：認可保育所以外で保育機能を持つ施設が，保育を必要としない子どもをも受け入れて幼稚園的な機能を果たす施設

こども園では，定員超過でない限りは原則的には入園希望者は受け入れることになっている。この点で，建学の精神などによる教育方針を理解する家庭の子どもを選抜できるような幼稚園とは性質が異なる面もある。

どの施設を選ぶかについては女性の職場条件，家庭の経済状態や親の年齢，子ども観，祖父母が近くに居住しているか否かなどの生活環境等，さまざまな要因が関与している。子どもたちの成長・発達は，多かれ少なかれ，これらに左右されている。

### (3) 保育と教育に関わる内容の根拠法令

表7-2には子育て施設や学校に関する保育・教育内容の根拠法令を示す。幼稚園の教育内容などは幼稚園教育要領，保育所の保育内容などは保育所保育指針，幼保連携型認定こども園では幼保連携型認定こども園教育・保育要領がある。現在の幼稚園教育要領は2018（平成30）年4月から施行されている。またこれに伴って，小学校学習指導要領は2020（令和2）年4月，中学校学習指導要領は2021年4月から全面実施であり，既に移行期間に入っている。高等学校は2019年度からの移行期間を経て2022年からの年次進行である。

幼稚園，保育所，認定こども園に関する改定での大きな特徴は，「共通性」

表7-2　就学前の保育・教育の法的根拠と内容

| | 乳児期園児 | 1歳以上3歳未満児 | 3歳以上児 |
|---|---|---|---|
| 幼稚園教育要領 | なし | なし | 5領域 |
| 保育所保育指針 | | 5領域 | 5領域 |
| 幼保連携型認定<br>こども園教育・保育要領 | | 5領域 | 5領域 |

**表7-3　幼児教育における5領域**

| 健康 | 人間関係 | 環境 | 言葉 | 表現 |
|---|---|---|---|---|

と「連続性」にあるとされている。共通性とは，幼稚園，保育所，認定こども園の3者の間においては，互いに幼児教育としての共通性を指向していることである。いずれも3歳以上では5領域にわたって保育と教育が営まれる。この5領域（表7-3）とは健康，人間関係，環境，言葉，表現の各領域であり，その内容は小学校以降の教科へと受け継がれていく性質を持っている。「連続性」とは，子どもたちの成長・発達や学びが，いずれの園から進学するにしても，小学校への接続までの間でしっかりと連続性が保証されるということである。今回の改定では，いずれの園からの入学でも，小学校のスタート段階をそろえようとしている。

### (4) 目指す子ども像

幼児教育では（意図的な）環境を通して行う教育を目指している。その見方・考え方であるが，「幼児が身近な環境に主体的に関わり，環境との関わり方や意味に気づき，これらを取り込もうとして，試行錯誤したり，考えたりするようになる」（幼稚園教育要領，幼保連携型認定こども園教育・保育要領）と定義されている。保育所保育指針においても，「子ども自らが環境に関わり，自発的に活動し，様々な経験を積んでいくことができるよう配慮すること」とされている。どこの園から小学校に入学するにせよ，幼児教育としての共通性が保てるように明記されることとなった。

幼稚園教育要領などにおいては，表7-4に示すような資質・能力を一体的に

**表7-4　育みたい資質・能力**（3項目）

| 育みたい資質・能力（3項目） |
|---|
| 「知識及び技能の基礎」 |
| ・豊かな体験を通じて，感じたり，気づいたり，わかったり，できるようになったりする |
| 「思考力，判断力，表現力等の基礎」 |
| ・気づいたことや，できるようになったことなどを使い，考えたり，試したり，工夫したり，表現したりする |
| 「学びに向かう力，人間性等」 |
| ・心情，意欲，態度が育つ中で，よりよい生活を営もうとする |

**表7-5　幼児期の終わりまでに育ってほしい姿**（10項目）

| | |
|---|---|
| ア | 健康な心と体 |
| イ | 自立心 |
| ウ | 協同性 |
| エ | 道徳性・規範意識の芽生え |
| オ | 社会生活との関わり |
| カ | 思考力の芽生え |
| キ | 自然との関わり・生命尊重 |
| ク | 数量や図形，標識や文字などへの関心・感覚 |
| ケ | 言葉による伝え合い |
| コ | 豊かな感性と表現 |

育むように努めることになっている。このうちの「知識及び技能の基礎」と「思考力，判断力，表現力等の基礎」の2つは認知的な側面である。3つめの「学びに向かう力，人間性等」は情意的すなわち非認知的な側面である。これらは小学校以降の上級学校においても一貫して育成する資質・能力として位置づけられている。特に，思考力，判断力，表現力等は，高等学校の科目新設として顕著にあらわれている。

これら育成する資質・能力を設定する基になったのは中央教育審議会答申（平成28年12月21日）であった。そこでは，「5領域の内容等を踏まえ，特に5歳児の後半にねらいを達成するために，教員が指導し幼児が身に付けていくことが望まれるものを抽出し，具体的な姿として整理したもの」がまとめられた。そして，これは「幼児期の終わりまでに育ってほしい姿」（幼稚園教育要領第一章総則の第二，第三項）（表7-5）と整理されている。

「ア　健康な心と体」は，主として健康領域の内容の全体を示している。体だけではなく，外で遊んだり，三輪車をこいだりといった遊びを通じて心と体を働かせていく。「イ　自立心」は，自分でうまく泥団子を作りたいといった思考や工夫など，主体的な力と自信を育む。「ウ　協同性」は小学校段階での学級集団での学びや円滑な友人関係の形成に不可欠であり，幼児期においての基礎として不可欠である。「エ　道徳性・規範意識の芽生え」は，小学校段階での特別の教科道徳，総合的な学習の時間などへと引き続いて育成される内容である。そのため5領域では言葉，人間関係，表現などで育むことになる。「オ　社会生活との関わり」では，遊びの中で，広くは将来の社会科や生活科につながるような体験を促す。「カ　思考力の芽生え」では，遊んだり予想したり友達と相談したりすることによって小学校教育すべての基礎となるであろう思考活動を育んでいく。「キ　自然との関わり・生命尊重」は，小学校での生活科や理科へとつながる活動である。「ク　数量や図形，標識や文字などへの関心・態度」は数量や図形や標識や文字などの意味や役割に気づき慣れ親しむ。そのことによって，後の算数や国語の基礎が形作られるものと位置づける。「ケ　言葉による伝え合い」は，小学校の国語，特別活動，生活科などとも結び付いていく性質のものである。幼児期段階にふさわしい活動を保証していく。「コ　豊かな感性と表現」は小学校の音楽，図画工作，国語の基礎にもなる幼児期の体験である。

これら10の姿は，一つひとつが単独ということではない。遊びなどの中で一つの活動として現れるような総合的な保育や教育によって育まれていくとみなしている。

## 第2節　小学校以降の教育を支える基盤

### (1) 小，中学校

5領域にわたって展開される幼児教育段階では，（意図的な）環境を通して行う教育が遊びを中心とした中で営まれる。それが，小学校教育段階では，5領域ではなく，各教科の中でなされる。遊びの位置づけも変わる。

学校教育法施行規則によると，小学校の教育課程は，国語，社会，算数，理科，生活，音楽，図画工作，家庭，体育及び外国語の各教科，特別の教科である道徳，外国語活動，総合的な学習の時間並びに特別活動によって編成されている（第四章　小学校，第二節　教育課程，第五十条）。

中学校は，国語，社会，数学，理科，音楽，美術，保健体育，技術・家庭及び外国語の各教科，特別の教科である道徳，総合的な学習の時間並びに特別活動によって編成されている（第五章　中学校，同第七十二条）。

各教科にはそれぞれ独自の教科の教育目標があり，また学習指導要領でいうところの各教科等ごとに，教科の特質に応じた物事をとらえる視点や考え方が示されている。新設科目等で特に目立つのは，特別の教科道徳と，小学校外国語活動・外国語の新設である。

もちろん，従来の教科間に関しても，部分的ではあるが，教科間の連携が推奨されている。一例を示す。「国語科の学習内容が外国語活動及び外国語科等の学習に結び付くよう，指導の時期を工夫すること，関連のある学習内容や言語活動を取り上げた単元の設定を工夫することなどが考えられる。」（小学校学習指導要領（平成 29 年告示）解説　国語編，p. 159）。また，「言語能力の育成に向けて，国語科が中心的な役割を担いながら，教科等横断的な視点から教育課程の編成を図ることが重要」（同書 p. 159）。

特別の教科道徳については，第１章総則第１の２（2）にあるように，「学校における道徳教育は，特別の教科である道徳（以下「道徳科」という）を要として学校の教育活動全体を通じて行うものであり，道徳科はもとより，各教科，外国語活動，総合的な学習の時間及び特別活動のそれぞれの特質に応じて，児童の発達の段階を考慮して，適切な指導を行うこと」（同書 p. 161）などとされている。

小学校外国語活動・外国語が新設されたことによって，小学校でも言語系教科が２つに増加し，2020 年度からは年間 35 時間の「外国語活動」及び高学年の年間 70 時間の教科「外国語科」が導入されている。その目標に関しては，CEFR（Common European Framework of Reference for Languages: Learning, teaching, assessment 外国語の学習・教授・評価のための欧州共通参照枠）を意識して（金城，2018），「聞くこと」「読むこと」「話すこと［やりとり］」「話すこと［発表］」「書くこと」の５つの領域の目標が設定されている。

同じ言語系教科が増えたこともあって，国語科では，言語系の読解力として高等学校段階での「論理国語」「国語表現」といった科目が生まれている。

## (2) 高　等　学　校

2018（平成 30）年３月に高等学校学習指導要領が公示され，2019 年からの移行期間を経て 2022 年度入学生から開始となった。学習指導要領の改定の終着は高等学校であり，センター試験に変わる 2024 年度大学入学共通テストも呼応している。問題発見力や論理的な表現力を育み，実社会で必要とされる「伝える力」を育成する授業は，国語に留まらず英語や数理系科目あるいは社会科学系の科目でも充実が図られている。

**表7-7　高等学校の各学科に共通する教科・科目等**

| 教科 | 科目 | 必履修科目 |
|---|---|---|
| 国語 | 現代の国語 | ○ |
| | 言語文化 | ○ |
| | 論理国語 | |
| | 文学国語 | |
| | 国語表現 | |
| | 古典探究 | |
| 地理歴史 | 地理総合 | ○ |
| | 地理探究 | |
| | 歴史総合 | ○ |
| | 日本史探究 | |
| | 世界史探究 | |
| 公民 | 公共 | ○ |
| | 倫理 | |
| | 政治・経済 | |
| 数学 | 数学Ⅰ | ○ |
| | 数学Ⅱ | |
| | 数学Ⅲ | |
| | 数学A | |
| | 数学B | |
| | 数学C | |
| 理科 | 科学と人間生活 | |
| | 物理基礎 | |
| | 物理 | |
| | 化学基礎 | |
| | 化学 | |
| | 生物基礎 | |
| | 生物 | |
| | 地学基礎 | |
| | 地学 | |
| *科学と人間生活を含む2科目，または基礎を付した科目を3科目 | | |
| 保健体育 | 体育 | ○ |
| | 保健 | ○ |
| 芸術 | 音楽Ⅰ | |
| | 音楽Ⅱ | |
| | 音楽Ⅲ | |
| | 美術Ⅰ | |
| | 美術Ⅱ | |
| | 美術Ⅲ | |
| | 工芸Ⅰ | |
| | 工芸Ⅱ | |
| | 工芸Ⅲ | |
| | 書道Ⅰ | |
| | 書道Ⅱ | |
| | 書道Ⅲ | |
| *従来と同じ | | |
| 外国語 | 英語コミュニケーションⅠ | |
| | 英語コミュニケーションⅡ | |
| | 英語コミュニケーションⅢ | |
| | 論理・表現Ⅰ | |
| | 論理・表現Ⅱ | |
| | 論理・表現Ⅲ | |
| 家庭 | 家庭基礎 | |
| | 家庭総合 | |
| 情報 | 情報Ⅰ | ○ |
| | 情報Ⅱ | |
| 理数 | 理数探究基礎 | |
| | 理数探究 | |
| 総合的な探究の時間 | | |

表7-7は教科・科目等の一覧である。外国語は従来の「英語表現」から「論理表現」となっている。特に話すことと書くことが不十分であることから，聞いたり読んだりしたことに基づいて話したり書いたりするような統合型の言語活動を育成していく。そして，英語による思考力，判断力，発信力を高めるような見直しが図られている。

「国語」（共通必修科目）では，実社会における諸言語活動に必要な資質・能力を育成する科目としての「現代の国語」が新設されている。また，上代から近現代に受け継がれてきた我が国の言語文化への理解を深める科目として「言語文化」が設定された。選択科目には，論理国語，文学国語，国語表現，古典探究が設定されている。

「総合的な学習の時間」は「総合的な探究の時間」へと，「学習」から「探究」に変わっている。実社会・実生活で，自ら見出した課題を探究することを通じて，自分のキャリア形成と関連づけながら，探究する能力を育むことを目指している。

### (3) 人間発達における役割

子どもと大人の間に位置づけられる青年期は，青年心理学的には，中学校頃から始まるとされている。学校教育の目標は，21世紀型の人材育成を目指していて，「知識・技能」「思考力・判断力・表現力」「主体性」の3つを養う教育を行っていく。

これを中・高校生あるいは大学生の内面から見ると，どのようになるのであろうか。たとえば，エリクソン（E. H. Erikson）のエゴ・アイデンティティ論から見ると，学校生活の出口にあたる就職は，ほぼ思春期および青年期（青年期）にあたる。青年期では，身体的発達と性的成熟によって，以前には信頼していた不変性と連続性の感覚が再び問題となる。同一性 対 同一性混乱（identity vs. identity confusion）が課題として位置づけられている。

学校生活の場で発生するのは，自己分析，自分探し，あるいは学校段階でのキャリア教育の総決算である。自分自身を「見る私（I）」と「見られる私（Me）」という複眼的な自分としてとらえることが始まり，またそのように促されもする。これは，就職を意識した自分を，「見られる私」として私なりにどう表現するかということになる。高校や大学を卒業して職業に就くという文脈に限定するならば，「見る私」は「表現する私」であり，「見られる私」は「表現した結果の私」となる。すなわち，就職活動における人材としての私に狭く限定される傾向が生まれてしまう。教育の総決算が，この時期，ここに焦点化される傾向が生まれる。

しかしながら，もちろんのことであるが，学校教育の目的は人格の涵養や完成を目指すことにあるので，自分については，もう少し広い視野を持つ必要がある。本来，学校教育で目指す学びは多面的であるから，就職人材として表現していく自分の学びに集約していくだけでなく，人間形成としての学びもまた推し進めることが大切になる。

**■引用文献**


Bronfenbrenner, U. (1979). *The ecology of human development.* Cambridge, MA: Harvard University Press. [磯貝芳郎・福富　護（訳）(1996). 人間発達の生態学（エコロジー）：発達心理学への挑戦　川島書店]

金城太一 (2018). 小学校外国語教育のこれまでとこれから　初等教育資料　No. 964（平成 30 年 2 月号), 6-11.

厚生労働省 (2017). 保育所保育指針　厚生労働省告示第 117 号 2017（平成 29）年 3 月 31 日／2018（平成 29）年 4 月 1 日施行

文部科学省 (2017). 幼稚園教育要領　文部科学省告示第 62 号 2017（平成 29）年 3 月 31 日／2018（平成 29）年 4 月 1 日施行

文部科学省 (2018). 小学校学習指導要領（平成 29 年告示）解説　東洋館

文部科学省 (2018). 中学校学習指導要領（平成 29 年告示）解説　東山書房

内閣府・文部科学省・厚生労働省 (2017). 幼保連携型認定こども園教育・保育要領　内閣府・文部科学省・厚生労働省告示第 1 号 2017（平成 29）年 3 月 31 日／2018（平成 30）年 4 月 1 日施行

# 第8章　さまざまな授業の方法と教育評価

学校生活において，児童生徒が学校にいる時間のほとんどは授業を受けることに費やされる。本章では，学校で行われるさまざまな授業の方法について論じる。最初に教師が教室で授業を行う際に用いる学習指導法と教育評価について解説し，その後，情報通信技術の進歩に伴う学校での教育，授業の変化について紹介する。

## 第1節　さまざまな学習指導

### (1) 一斉指導法と個に応じる指導法

学校において授業という形態で行われる教授学習では，多くの場合１人の教師が 30-40 人程度の児童生徒を指導する。コメニウス（Comenius, 1657）は『大教授学』の中で学校を「印刷機」，子どもを「白紙」，教科書を「活字」，教師の声を「インク」として，学校教育を印刷技術にたとえたが，そのような授業の中で，教師は児童生徒集団に対して同じ指導内容を示し，児童生徒は個別に同じ活動を行い，個別に指導内容を理解する。このような集団の中の個々人を指導する指導法を「一斉指導法」と言う。一斉指導法には，現代ではあまり意識されることは多くないが，１人の教師が効率よく多数の児童生徒を教えることができるという長所がある。かつて，少数の人間のみがさまざまな知識を占有していた時代に，あらゆる人に知識を共有するための効率の良い指導法として一斉指導法は生まれた。

**1）講義法**　一斉指導法の中でも教師の講義を児童生徒が聞くという側面

を強調した学習指導法を「講義法」と言う。講義法は教師が能動的で児童生徒は受動的な形態をとる提示的授業であり，教師が言葉やものを用いて内容を提示することが中心となる。児童生徒が受動的になるため，長時間の授業をすべて講義法で行うことは好ましくないと言われるが，新たな知識を体系的に提示する，授業を通じて学んだ内容を体系的にまとめ確認するなどの目的には適しているという長所もある。

**2）少人数教育**　一斉指導法は指導法としては一元的であり，①児童生徒の多様な関心や能力を無視する画一的，一方的な教育となる，②教師と児童生徒との人間的交流という教育の一側面を希薄にする，などの欠点が指摘されることが多い。これらの欠点に対応するために，①学級担任の副担任制度，②授業で2人もしくはそれ以上の教師が協力して1つの授業に責任を持つというティームティーチング（TT），③特定の授業時のみクラス編成を少数に変更する少人数教育などを部分的に採用する学校が増えてきた。TTや少人数教育は教師1人あたりの指導する生徒数が少数になることで，児童生徒との交流や児童生徒の関心や能力へのきめ細やかな対応が容易になるという教育上のメリットも大きい。中でもTTは複数の教師が自らの特性を生かしつつ協力し，お互いを助け合いながら責任を分担して児童生徒を指導することができるという点に加えて，初任者や若い教師が熟達教師と組み，TTでの授業を通して経験の少ない教師のメンタリング（対話と助言による育成，指導）が行えるという教師にとってのメリットもある。学校教育では，このような方法で児童生徒一人ひとりにできる限り対応しようとする試みがなされている。

### (2) 学習や理解の原理を踏まえた指導法

学習指導をより良いものにするための試みとして，学習や理解についての原理を踏まえた形で授業をデザインし，それによってより効果的な講義，指導を目指す試みもなされている。ここでは，問答法，プログラム学習，意味的受容学習，発見学習，問題解決学習，ドリル学習を取り上げる。

**1）問答法**　問答法とは，古代ギリシャの哲学者ソクラテス（Socrates）

が用いたとされる指導法（問答法）を起源とする学習指導法である。児童生徒への問いかけとそれに対する児童生徒からの回答を通じて指導を行う。まず児童生徒の持っている既有の知識や概念構造をチェックし，その後の問いかけによって，概念構造の変換，再構成を援助することで学習を促進し，最終的な問いかけに対する応答から，児童生徒の理解した内容と理解の程度との確認を行う指導法である。

問いかけによって，児童生徒の考えの矛盾点や不備な点を児童生徒自身に意識させ，学習内容に対する関心を高める効果や，教師と児童生徒の間のコミュニケーションを促進する効果が期待できる。

**2）プログラム学習**　プログラム学習（Skinner, 1954）とは，スキナーのオペラント条件づけ，中でもシェーピング（shaping）という学習過程を発展させた学習指導法である。この指導法では，学習の過程を推測し，それに従って学習の計画（プログラム）を作成し，児童生徒に個別に学習させながら特定の学習目標に到達させる。特徴として，①教材はスモールステップに分割されている（スモールステップの原理），②児童生徒に頻繁に反応することを要求する（積極的反応の原理），③児童生徒が行った反応の正誤に応じて，即時的な確認や修正を行う（即時フィードバックの原理），④教材の内容や順番を児童生徒の適性に基づくように作成し，また，実施結果の資料に基づいて修正を行う（学習者検証の原理），⑤児童生徒は自分のペースで学習を進めていく（自己ペースの原理）があげられる。プログラム学習が提案された当初は，学習プログラムは単線型（スキナー型）が多かったが，現在は枝分かれ型（クラウダー型）も多く用いられるようになった。

学校の授業にプログラム学習を用いる場合，１人の教員が多数の児童生徒からの反応に即時にフィードバックすることは難しいため，現代ではコンピュータやタブレット，プログラム学習用の教材などを利用するコンピュータ支援学習（CAI：computer assisted instruction）を行うことが多い。プログラム学習を機材や教材なしに行うことは難しいが，教師が「どんな知識や技能を理解，習得させるか」を考えるだけではなく「児童生徒がどのような段階や思考を経て，理解，習得していくのか」を考えて，その過程に沿った形で授業を行うことで，プログラム学習以外の学習指導法，たとえば講義法であっても，児童生徒にとっても「わかりやすい」授業となることが期待できる。

**3）意味的受容学習（有意味受容学習）**　意味的受容学習（有意味受容学習）は，学習を「学習内容が児童生徒の先行経験によって形成された認知構造（既に持っている知識，物事のとらえ方）に適切に取り入れられ，関連づけられていく過程」と定義し，この定義をもとにして行われる学習指導法である。この指導法を用いるにあたって，教師には，学習材料だけでなく，児童生徒の既に持っている知識や考え方も把握し，そこから出発して，学習内容を理解した状態へ児童生徒を導く能力が求められる。

オーズベル（Ausubel, 1960）は何かを学ぶ際には，新しい知識を統合，組織化するための枠組みや知識（先行オーガナイザー）を前もって持っているまたは与えられることで記憶や理解が助けられると述べた。教師が学習指導において児童生徒の先行知識に関連づける形で学習内容を提示すると，学習内容は児童生徒にとって意味のある，興味を引くものと受け取られやすくなる。また，この意味的受容学習（有意味受容学習）を繰り返し行うことで，学習内容をただ覚えるのではなく，既に持っている知識や認知構造に結びつけようとするという児童生徒の学習に対する態度を養うことができる。

**4）発見学習**　発見学習とは，概念や原理を学習する際に，それらが生成されてきたプロセスを児童生徒に追体験させることによって科学の過程と科学の成果とを統一的にとらえさせようとする学習指導法である。ブルーナー（Bruner, 1960）によって提唱された。概念や原理の生成過程または発見の過程を追体験することによる利点として，①発見的に学習した内容は受動的に学習した内容より長期間保持される，②発見学習を通じてヒューリスティクス（いわゆる「発見のコツ」，問題解決過程で解決への，または次の段階への到達に対して，過去の経験または課題間の類似性から，その到達への確率が高いと思われる過程に沿って思考を進める方法）が身につく，③外部から賞が与えられなくても，発見そのものに喜びが伴うため内発的動機づけによって学習する傾向が強められる，④困難な課題に直面してもそれに対してねばり強く対処するようになる，などがあげられる。

**5）問題解決学習**　問題解決学習とは，児童生徒を日常生活における問題や社会的な問題，科学的な問題などさまざまな問題に直面させ，その問題の解決過程を通じて自分なりの問題解決のレパートリーを学習させる学習指導法である。デューイ（Dewey, 1938）は問題解決学習の経験によって生活の中でも自ら問題を見つけ，解決していく能力を身につけることを教育の本質として重視した。日常生活の中での問題も含めたさまざまな問題に対する問題解決のレパートリーを多く身につけることで類似の問題を解くことが可能となる，問題に直面した際に粘り強く考える態度が身につくなどが期待される。

**6）ドリル学習**　ドリル学習は「練習学習」とも呼ばれる。学習内容の忘却を防ぎ記憶の定着を図ることをねらいとする学習指導法である。学習された知識や技術の記憶は時間の経過とともに忘却される。そのため必然的に，反復的な練習学習が必要とされる。かつて「反復学習ばかりしても子どもの考える力は育たない」とドリル学習に対して否定的な意見が多い時代もあったが，脳科学の進歩，記憶に関する研究の発展などを受けて，現在では知識や記憶の定着を図るためには繰り返し練習することも重要であること，「学習内容の認知構造への取り込み」という意味ではなく「知識や技能の確実な修得（記憶）」という意味での学習においては練習が必要とされることに再び注目が集まっている。そのような流れの中で，どのようなスケジュールでドリル学習を進めることが記憶の定着につながりやすいかを示唆する研究（Karpicke & Roediger, 2008）もある。

### (3) 集団的学習指導法

一斉指導法はコミュニケーションの働きから見ると，個人指導の集合に過ぎない。教師と個々の児童生徒との間だけでコミュニケーションが行われ（このコミュニケーションを他の児童生徒が見聞きして触発されるということはあるが），児童生徒同士の間では行われないからである。

このような個人指導の寄せ集めでなく，児童生徒同士のコミュニケーション

（話し合い，教え合い）を強調し，その相互作用の中での学びを重視する指導法がある。これが「集団的学習指導法」である。集団的学習指導法は1980年代からアメリカで協同学習（cooperative learning）と呼ばれ，今日日本でも，広く取り上げられている。協同学習とは「小グループを教育的に使用し，学生が自分自身と仲間の学びを最大化するためにともに学び合う学習法」と定義されている（Smith, 1996）。ここでは，集団的学習指導法の手法の中から，話し合いの技法であるバズ学習，教え合いの技法であるジグソー学習を紹介する。

**1）バズ学習**　バズ学習とは，ともに学習する人々がお互いに切磋琢磨するグループ討議「バズセッション」を含む学習様式である（塩田・梶田, 1976）。必要に応じて4-6人の少人数による短時間の話し合いを行い，その結果を持ち寄って全体で討議するという要領で学習は進められる。全体の討議の前に話し合いのウォーミングアップをすることによって，①多人数の討議にありがちな数名の人間だけがその場を支配し，大部分の人間は一言の発言の機会も与えられないままに終始受動的な態度で過ごしてしまうような状態を避け，②全員が参加しているという意識をもち，積極的な態度で討議に参加することができるなどの効果が期待できる。つまり，集団活動に全員を積極的に参加させるところにバズ学習の重要な意義がある。思考，記憶，知覚，問題解決などの認知的過程に関する教育目標と，感情，価値，意識，関心などの態度的な教育目標の同時達成をねらいとする。

**2）ジグソー学習**　ジグソー学習（Aronson et al., 1978）は，共同学習と仲間による教え合い学習を骨子としている。ジグソー学習における学習の手順は以下のようなものである。①学ぶべき教材をいくつか（5-6程度）に分割する。②クラス全体をいくつかのジグソー集団に分ける。ジグソー集団内の人数は分割された教材の数と同じになるようにする。③各ジグソー集団内で，分割された教材のそれぞれについて，どの部分を誰が担当するのかを決定する。④各ジグソー集団から，教材ごとの担当者がそれぞれ集まり，カウンターパート集団を構成する。各カウンターパート集団では，教材の担当部分を共同学習し，全員が完全に理解する。⑤自分が所属していたジグソー集団に全員が戻り，カウンターパート集団での自らの学習内容をジグソー集団内の他のメンバーに互いに教え合う。

この方法ではカウンターパート集団で学ぶ際，ジグソー集団のメンバーに対する責任感から学習が促進されることや，カウンターパート集団での学習時およびジグソー集団に戻った後の教え合い活動などから，社会的なコミュニケーションの能力の育成が期待できる。

## 第２節　学習指導と教育評価

教師は日々の教育の中でさまざまな評価をしている。この評価は，児童生徒がどれだけ学んだかなどの児童生徒の状態を示す指標であると同時に，教師がどれだけ教育できたかという指導する側の達成度を示す指標でもある。ブルーム（Bloom, 1971）は，教育評価をよりよい教育を目指すために積極的に利用することを完全習得学習の理論の中で提案した。ここでは，ブルーム（1971）の完全習得学習の中での評価の活用と，タキソノミー，ルーブリックなどの教育評価の方法について概説する。

### (1) 完全習得学習

ブルーム（1971）は「教育評価を有効に活用することですべての子どもに対して一定水準以上の学力を保証できる」と考えて「完全習得学習」という学習指導法を提案した。この「完全習得学習」は，①児童生徒に教える前に児童生徒を評価しどのような子どもにどこからどのように教えればよいかを把握するための「診断的評価」を行い，②教えていく過程の半ばでそこまでの教育活動が順調に進んでいるのかを確認，把握し，必要に応じて，指導計画の修正や補習をするための「形成的評価」をしながら，着実に児童生徒に理解を求め，③最終段階では，完全習得学習が成功し児童生徒が習得できていることを確認するための「総括的評価」を行うというものである。学習の各過程で評価を行うことで，児童生徒が理解しないまま，教えるプロセスだけが進んでしまうことを防げるというメリットがある。

完全習得学習とは違う文脈で学習の過程における評価を重視する評価として，

「ポートフォリオ評価」というものがある。こちらは，最終的な成果だけではなく，学習の過程での記録や作品を集めて学習状況を把握し，成長の過程や到達点，今後の課題を明らかにする評価である。

## (2) タキソノミー

ブルームら（Bloom et al., 1956）は，教育目標を分類整理した。彼らはタキソノミー（教育目標分類）の中で，教育目標には「知識」「理解」「応用」「分析」「総合」「評価」という認知的な次元があること，そして認知面の学びは情意面や精神運動面での学びにつながっていることを示した（表8-1）。

このブルームら（1956）の教育目標のタキソノミーについて，クラスウォール（Krathwohl, 2002）はその改訂版を提案した（表8-2）。それは「事実的知識」「概念的知識」「手続的知識」「メタ認知的知識」からなる知識次元と，「記憶する」「理解する」「応用する」「分析する」「評価する」「創造する」からなる認知過程次元についての2次元構造のタキソノミーである（石井，2002）。

これらのタキソノミーは，「学習者が知識を記憶していること」だけで評価するべきではなく，学習者が学習内容を理解し，応用し，分析し総合（統合）

**表8-1　ブルームらの教育目標のタキソノミーの全体的構成**（梶田，2010，p.128より）

| | | | |
|---|---|---|---|
| 6.0 | 評価 | | |
| 5.0 | 総合 | 個性化 | 自然化 |
| 4.0 | 分析 | 組織化 | 分節化 |
| 3.0 | 応用 | 価値づけ | 精密化 |
| 2.0 | 理解 | 反応 | 巧妙化 |
| 1.0 | 知識 | 受け入れ | 模倣 |
| | 認知的領域 | 情意的領域 | 精神運動的領域 |

**表8-2　クラスウォールの改訂版タキソノミーのタキソノミーテーブル**（石井，2002，p.50より）

| 知識次元 | 認知過程次元 | | | | | |
|---|---|---|---|---|---|---|
| | 1．記憶する | 2．理解する | 3．応用する | 4．分析する | 5．評価する | 6．創造する |
| A．事実的知識 | | | | | | |
| B．概念的知識 | | | | | | |
| C．手続的知識 | | | | | | |
| D．メタ認知的知識 | | | | | | |

することができるようになったかなども含めて評価すべきであることを示している。

### (3) ルーブリック

客観的で信頼できる教育目標に沿った評価をするためには，評価基準がはっきりとしていることが望ましい。評価をする際に，どのような評価項目，評価内容で評価するのかと，どのような特徴が示されたときにどの評価をつけるかを整理した表を作り，それに基づいて客観的で信頼できる評価を目指すという評価方法がある。この評価のための表を「ルーブリック表」と言う（表8-3）。「ルーブリック表」は，評価をする前に作ることで評価が客観的になる，教育をする前に作ることで，教育目標や教育の成果として示される結果を理解した上で教育ができるというメリットがある。

表8-3　ルーブリック表の例

| 評価項目 | 評価内容 | 評価基準 | | | |
|---|---|---|---|---|---|
| | | S（非常に優れている） | A（優れている） | B（よい） | C（もう少し） |
| 知識・技能 | 筆記試験での～に対する解答 | ～ができているだけでなく～ | ～ができている | ～が概ねできている | ～ができていない |
| | 実技～に関する試験 | ～が正確で，流れが自然であるだけでなく～ | ～が正確で，流れが自然である | ～に不自然な箇所があるが概ね流れは良好である | ～に不自然な箇所が多く，スムーズに流れていない |
| 思考力・判断力・表現力等 | 筆記試験での～に関する問題の解き方 | ～という概念を拡張して利用し考えることができている | ～という概念を利用して考えることができている | ～という概念を利用して考えようとしている | ～という概念についての思考がほとんど示されていない |
| | 筆記試験での～について説明を求める問いへの解答 | ～についての説明が一貫して強い説得力がある | ～について相手を納得させられる説明ができている | ～についての説明は概ね納得できるものである | ～についての説明に不十分な点が多く説得力が感じられない |
| 主体的に学習に取り組む態度 | ～の際に示す行動，態度 | 強い～をはっきりと示している | ～を示している | ～があることは感じられる | ～が示されていない |

## 第3節　教育におけるICTの活用

古くは印刷機の開発など，さまざまな技術の発展とともに学校で行われる授業の形態も変化してきた。そして近年コンピュータならびにネットワーク，いわゆるICT（information and communication technology）の発展も教育活動に影響を与えつつある。

ICTとは，「情報通信技術」と和訳される，情報・通信に関連する技術の総称である。ICTとは，ネットワーク通信の利用も含めた情報・知識の共有の技術であるとも言える。コンピュータおよびネットワークの普及に伴い，インターネット上にはさまざまな文章，画像，音声，動画などを含めた情報（知識）が蓄積され，インターネットに接続されているあらゆるコンピュータ，タブレット，スマートホンなどから，その情報（知識）を利用できるようになってきた。そのような中で知識は，個人の頭の中にあるものというとらえ方から，万人が共有し再利用が可能なものというとらえ方へと変化しつつある。福田（2007）は，ICTの発展に伴い，知識や学力という概念が「知識の記憶量」から持っている知識や技能を役立てる「思考力」や「応用力」，世の中の進歩に応じて新しいことを学ぶ「学習力」へと変化したとしている。教育においても，これらの変化への対応が求められている。

ここでは，①インターネット上にある情報によって授業はどう変わるか，②ICTの進歩によって，授業にどのような変化が起きつつあるかについて紹介する。

### (1) インターネット上にある情報によって授業はどう変わるか

図書館などで書籍，新聞，雑誌などを調べることで得られていた情報や，実際に見学に行かないとわからなかった社会のさまざまな情報やノウハウが，インターネットを利用して気軽に得られるようになっている。誰もがたくさんの多様な情報に触れることができる現代社会は，知識や情報，ノウハウが日進月歩で発展する「知識基盤社会（knowledge-based society）」であり，わからないことを調べ，集まった情報を活用できる人間の育成が求められる。

このような中，たとえば調べ学習では，インターネットを利用し検索サイトでキーワードを入力し，検索して情報を集めることができるようになっている。インターネットが今ほど発展しておらず図書館にある本などで調べ学習を行っていた時代の情報収集法に比べ，多様な情報を集めることができる。しかしこれに伴い学校では，①コンピュータを使いこなすための基本的な能力（コンピュータリテラシー），②コンピュータやインターネットを使って情報収集を行い，そこで得ることのできる大量の情報を利用するための基本的な能力（情報リテラシー），③インターネットや電子メールを利用する人間が守るべきルールやエチケット（ネチケット），④さまざまな情報を活用する際に守るべきモラル（情報モラル，情報倫理，著作権など）を児童生徒に教育することが求められるようになってきた。このような中，教育の成果として，児童生徒が何を知っているかだけではなく，新しい情報を集め，それを理解，整理，取捨選択し，統合できるようになっているかが問われる。「タキソノミー」でも触れたような多様で高次の能力をいかに育てるかについて，教師には工夫が求められる。

また，教師が授業をするための有益な情報として，インターネット上には情報や教材，実践報告，指導案などが多数存在する。これらを有効に活用し，よりよい授業をするために，教師自身も情報活用のためのさまざまな知識や能力を身につけ伸ばす必要がある。たとえば，インターネット上に存在する教材や指導案を参考に授業をする場合に，無批判にその教材や指導案を利用して授業をすればよしとするのではなく，その情報を自分の授業をよりよいものにするために，どのように活用できるかという視点で精査することが重要になる。

### (2) ICTの進歩によって，授業にどのような変化が起きつつあるか

ICTの進歩は，社会の中での情報の意味やその受け渡しに大きな変化を与えた。短時間でネットワーク上を行き来する情報の量が増える，つまり情報伝達のスピードが上がることで，テキストでのやりとりだけでなく，詳細な画像や動画をやりとりする，カメラを通じてお互いの顔を見ながら話をするなどネットワークを介した，距離や時間を超えたコミュニケーション，一対一のコミュニケーションだけでなく，多数の人間との同時のコミュニケーションが可能になっている。さらには，ICTの進歩はコンピュータやタブレットなどを教

員だけでなく児童生徒が1人1台使用する教育を可能にしつつある。

ネットワークを介した教育活動，学習活動の中で現在その利用を増やしつつあるのがeラーニングである。ブロードベント（Broadbent, 2002）はeラーニングを「ネットワークを介したトレーニング，教育，コーチング」と定義した。岡本ら（2006）によると，日本におけるeラーニングの実践は，その多くが受講する学生がサイトにアクセスし，LMS（learning management system）をインターネットを介して利用する形態で行われている。一般的なLMSでは，①授業の動画や配付資料の配信を受ける，②オンラインでのテストに答える，③BBSやWeb会議室を利用して教員やティーチングアシスタントまたは学生同士で質問や意見交換をする，④レポートを提出する，⑤受講状況や学習の進捗の程度，成績評価，授業評価の管理を行うなどが可能である。このようにICTの進歩により，「いつでも」「どこでも」学ぶことができる位置的，時間的制約の少ない教育の実現が可能になっている。当初は大学での利用実践の報告が多かったが，小学校，中学校，高校などの教育にも導入されつつある。一例として，小学校，中学校，高校では不登校の児童生徒に対してICTを用いた教育を受けることで，学校を出席扱いとし，そこでの学習成果を評価するということも行われている。

また，ICTの授業での活用方法での一例として，体育の授業でインターネットを通じた模範となる動きの視聴やタブレットの動画撮影機能を利用した自らの動きの振り返りやチームプレーの振り返りなどがある。こちらもICTの技術の進歩の中で，より理解しやすい授業が可能になりつつあることを示すものである。

ICT教育について，久保田（2008）は，ICT教育を情報活用能力の育成を目指す「情報教育（learning about ICT）」と教科教育などの教育活動の目標を達成するための手段としての「ICT（を用いた）教育（learning with ICT）」に分けた。ICTの発展に伴い，ICTを利用して学ぶだけではなく，ICTを使いこなす技能を学ぶ必要がある。そのような中で2020年度から実施される小・中学校の学習指導要領では，「情報活用能力」が言語能力，問題発見・解決能力等と同様に「学習の基盤となる資質・能力」と位置づけられ，プログラミング教育が導入された。プログラミング教育を経験することで，プログラミングを通じた論理的な思考とコンピュータに関するリテラシーを身につけることが期待されている。

**■参考文献**

Aronson, E., Blaney, N., Sikes, J., Stephan, G., & Snapp, M. (1978). *The jigsaw classroom.* Beverly Hills, CA: Sage Publications.

Ausubel, D. P. (1960). The use of advance organizers in the learning and retention of meaningful verbal material. *Journal of Educational Psychology*, **51**, 267-272.

Barkley, E. F., Cross, K. P., & Major, C. H. (2005). *Collaborative learning techniques: A handbook for college faculty.* New York: John Wiley & Sons. [安永　悟（監訳）(2009). 協同学習の技法――大学教育の手引き――　ナカニシヤ出版]

Bloom, B. S. (Ed.)., Engelhart, M. D., Hill, W. H., Furst, E. J., & Krathwohl D. R. (1956). Taxonomy of educational objectives: The classification of educational goals. *Handbook 1: The cognitive domain.* New York: David McKay.

Bloom, B. S. (1971). Mastery learning. In J. H. Block (Ed.), *Mastery learning: Theory and practice.* New York: Holt, Rinehart & Winston.

Bloom, B. S., Hastings, J. T., & Madaus, G. (1971). *Handbook on formative and summative evaluation of student learning.* New York: McGraw-Hill.

Broadbent, B. (2002). *ABCs of e-learning: Reaping the benefits and avoiding the pitfalls.* Washington, DC: Pfeiffer.

Bruner, J. S. (1960). *The process of education.* Oxford, UK: Harvard University Press. [鈴木祥蔵・佐藤三郎（翻訳）(1963). 教育の過程　岩波書店]

Comenius, J. A. (1657) *Opera didactica omnia.* Amsterdam. (reprinted in 1957. Prague: Academia Scientiarum Bohemoslovenica) [梅根　悟・勝田守一（監修）鈴木秀勇（訳）(1962). 世界教育学選集24　大教授学1　明治図書出版；梅根　悟・勝田守一（監修）鈴木秀勇（訳）(1962). 世界教育学選集25　大教授学2　明治図書出版]

Dewey, J. (1938). *Experience and education.* New York: Kappa Delta Pi. [市村尚久（訳）(2004). 経験と教育　講談社]

福田誠治（2007). 競争しても学力行き止まり：イギリス教育の失敗とフィンランドの成功　朝日新聞社

石井英真（2002). 「改訂版タキソノミー」によるブルーム・タキソノミーの再構築――知識と認知過程の二次元構成の検討を中心に――　教育方法学研究, **28**, 47-58.

Johnson, D. W., Johnson, R. T.,& Holubec, E. J. (1993). *Circles of learning: Cooperation in the classroom* (4th ed.). Edina, MN: Interaction Book Company. [杉江修治・石田裕久・伊藤康児・伊藤　篤（訳）(1998). 学習の輪――アメリカの協同学習入門――　二瓶社]

梶田叡一（2010). 教育評価（第2版補訂2版）　有斐閣

Karpicke, J. D., & Roediger III, H. L. (2008). The critical importance of retrieval for learning. *Science*, **319**, 966–968.

Krathwohl, D. R. (2002). A revision of Bloom's taxonomy: An overview. *Theory Into Practice*, **41**, 212–218.

久保田賢一（2008）．情報通信教育技術（ICT）の発展と教育の展望　水越敏行・久保田賢一（編著）　ICT 教育のデザイン　日本文教出版　pp. 9–26.

岡本敏雄・伊東幸弘・家本　修・坂元　昂（2006）．ICT 活用教育　青海社

塩田芳久・梶田稲司（編）（1976）．バズ学習の理論と実際　黎明書房

Skinner, B. F. (1954). The science of learning and the art of teaching. *Harvard Educational Review*, **24**, 86–97.

Smith, K. A. (1996). Cooperative learning: Making "groupwork" work. In T. E. Sutherland & C. C. Bonwell (Eds.), Using active learning in college classes: A range of options for faculty. *New Directions for Teaching and Learning*, No. 67. San Francisco, CA: Jossey-Bass. pp. 71–82.

# 第9章　教科教育と学習

幼稚園入園あるいは小学校入学以降，私たちは「学校」という場での生活を経験する。学校では学習活動をはじめとしたさまざまな教育活動が営まれているが，幼児・児童・生徒たちは各活動への参加を通じてさまざまなことを習得し，心身ともに変化を遂げている。本章では，「学ぶ」ことに関連のある用語である「学習」，および，学校での学習活動の中心となる教科教育の最近の動向を紹介する。

## 第1節　学　　習

### (1) 学 習 と は

岩波国語辞典によると，学習とは「ならい学ぶこと。特に，学校などで系統的に勉強すること」とある。学校をはじめ，私たちはさまざまな場所で新しいことを吸収している。これをもう少し違う言葉で表すと，「以前の経験を土台にして新しい適応の仕方を習得していくこと」とも言える（岩波国語辞典，2018）。

さて，この「学習」という言葉であるが，心理学では「行動の変容」という観点からとらえ，「経験による比較的永続的な行動の変容」と定義する。すなわち，何らかの経験によって（自分自身の）行動が変化し，その状態が長い間続くことを表すのである。定義の中身をもう少し説明しよう。

小学校に入学した直後から子どもたちは足し算や引き算を習う。最初は計算がまだ十分にはできないが，おはじきを使った演算や計算問題プリントを使った計算練習などの経験を通し，1年生の2学期には少なくとも1けたの足し算や引き算を習得する。また，習得後は学年や年齢が上がっても１けたの足し算や引き算は自然にできる。このように，経験によって（自分自身の）行動が変化し，その状態が長く続くことを学習という。

### (2) 学習成立のメカニズム

経験によって行動の変容が長く続く状態は，さまざまなメカニズムによって生じる。そこで，以下に主要なメカニズムを取り上げ，解説を加える。

**1) 古典的条件づけ・オペラント条件づけ**　特定の刺激と特定の反応との結びつきによって行動の変容が生じるという考え方を連合説と言う。この中には条件づけや試行錯誤などが含まれるが，ここでは条件づけを取り上げる。

条件づけとは特定の条件反射や条件反応を起こすように（起こさせるように）する過程のことを指す。主なものとして「古典的条件づけ」「オペラント条件づけ」がある。

古典的条件づけとは「条件刺激と無条件刺激を対提示することによって，条件刺激に対して，無条件刺激によって誘発される無条件反応と類似した条件反応を形成しようとする」一連の過程のことである（発達心理学用語辞典，1991)。レスポンデント条件づけなどと記述される場合もある。犬の唾液分泌に関する実験を例に，この定義について補足する。

今，犬に対し，肉粉を提示した後，続けて鈴の音（中性刺激ともいう。この場面においては，唾液分泌が生じないことが確認されている刺激）を聞かせたとする。鈴の音と肉粉を対提示したとも言えよう。最初，犬は肉粉を見ることで唾液を分泌するが，鈴の音に対しては唾液分泌が起こらない。しかし，こうした一連の手続きを何度も繰り返すうち，やがて鈴の音を聴いただけで唾液分泌が見られるようになるという。なお，この場面においては，鈴の音を条件刺激，鈴の音によって生じた唾液分泌を条件反応という。また，肉粉のような，生得的，すなわち，生まれ持って備わっている反応（ここでは唾液分泌）を生じさせるような刺激を無条件刺激，無条件刺激によって生じる反応を無条件反応（ここでは肉粉を見て生じた唾液分泌）という。古典的条件づけ，皆さんの日常生活では，たとえば「梅干し」あるいは「レモン」という言葉を聞くだけで唾液が出そうになる，という形で見られる。

次に，オペラント条件づけについて紹介する。オペラント条件づけとは，「有機体の自発したオペラント行動に強化刺激を随伴させ，その反応頻度を変容させる条件づけの操作およびその過程」のことである（心理学辞典，1999）。たとえばレバーを押す（オペラント行動／自発反応）と餌（強化刺激）が出るしくみの箱にネズミ（有機体の一例）を入れたとしよう。最初のうち，ネズミは箱の中をでたらめに動き回るなどし，何かの拍子に身体が偶然レバーに触れて餌が出てくる事態が起きると考えられる（これは後述する「試行錯誤」にあたる)。しかし，このようなことを何度も繰り返すうち，次第にネズミは「レバーを押すと餌が出る」ことを理解し，自らレバーを押して餌を得るようになる。この場合，ネズミのレバー押し行動（反応頻度）は増加するであろう。

一方，レバーを押すと電気ショックを与えるようなしかけをした場合だと，ネズミのレバー押し行動は減少すると考えられる。すなわち，反応頻度は減少することになる。

こうしたオペラント条件づけのメカニズムは，実際の学習指導場面においても見ることができる。小学生のころ，算数や数学の計算問題，あるいは計算ドリルを使用した経験はないだろうか。これらの教材は，1枚あたりの問題量が10問や20問といった少ない量で構成されている。また，たとえば2桁の足し算について10枚の教材があるとすれば，1枚目より2枚目，2枚目より3枚目と，数を追うごとに難易度が上がっていく構成になっている。今，仮に，皆さんが2桁の足し算のしかたを習い，教科書でも問題演習をした後，復習をかねて，授業時間中にドリルの問題を解くことになったとしよう。この状況において，皆さんはまず，自分自身で計算問題を解くことになる。すると，問題を解いた直後，巻末の解答を見ながら自分で答え合わせをすることになる。あるいは，教師にノートを見せ，答え合わせをしてもらうことになるであろう。そして，正解だった解答には○をつける，あるいは○をつけてもらうことになるであろう。この場面では，問題を解くという行動がオペラント行動／自発反応，○が強化刺激にあたる。このようなプロセスを繰り返しながら次第に正解（正答）を増やすことになる。

**2）試行錯誤説**　オペラント条件づけの提唱につながったのが，この試行錯誤説である。試行錯誤説とは，新しい問題場面に向き合った時，自分が持っている反応の様式を見通しを立てずにでたらめに繰り返すことで，次第に成功をもたらした反応だけが見られるようになることを表す。たとえば新しくテレビを買った場合，リモコンスイッチがついていれば，最初は使い方がわからずに四苦八苦するだろう。しかし，あれこれボタンを触っているうちに，たまたまスイッチを押したらテレビの電源が入ったとする。このような現象に何度も出くわすうちに，次第に「テレビの電源を入れる時には赤いスイッチを押す」という反応が多く見られるようになる。こうした一連の流れを試行錯誤説という。

**3）洞　察**　条件づけや試行錯誤のように，直接の活動を行うことで学習が成立する場合もあれば，これから紹介するような，環境に対するとらえ方や理解の仕方などが変化することによって学習が成立する立場もある（認知説）。ここではその一つである洞察を取り上げる。

洞察とは，さまざまな情報をつなぎ合わせて一気に解決の見通しを立てることで学習が成立するという考え方である。いわゆる「ひらめき」によって解決の見通しを立てて実際に問題を解決し，以後は同様の方法で問題を解決する。例として，チンパンジーがある部屋の中に入れられ，天井につるされたバナナを取るという場合を考えてみよう。最初，チンパンジーはジャンプするなどしてバナナを取ろうとするが，ジャンプしただけではバナナを取ることができない。しかし，部屋の中にはいくつもの木箱や台が置いてあることを発見したとする。ここで「箱を重ねてその上に登ればバナナを取れるのではないか」というアイディアがひらめき，実際に試してみたところ，無事にバナナを取ることができたのである。おそらくこのチンパンジーは，再び同じような場面に出会った時，木箱や台を探すであろう。こうして学習が成立する場合もある。

**4）観察学習**　古典的条件づけ，オペラント条件づけ，試行錯誤，洞察の場合，（自分自身が）直接何らかの活動を行っていた。しかし，「人の振り見てわが振り直せ」のように，他人の行動を観ることで自分の行動の変容が生じ，学習が成立する場合もある。その一つが観察学習である。観察学習とは，他人の行動とその結果を見て，観察した者が自分の行動を決定することで行動の変容が生じるプロセスとされる。たとえば小学校のあるクラスで，となりの席に座っていた友達が宿題を忘れ，先生に叱られたという場面を見た子どもがいたとする。すると，この子どもは「宿題を忘れると先生に叱られる」ことを習得する。そして，宿題を忘れる頻度が低下することになるであろう。このように，他人の行動を観ることにより学習が成立する場合もある。

### (3) 学習方法から見た学習の分類

あるものごとを習い，習得する場合，最も効率的な方法が存在する。一度にすべてを習う方が良い場合もあれば，時間や内容を区切った方が良い場合もあろう。このような観点から学習方法についての分類を行い，以下に解説する。

**1) 全習法・分習法**　何かを習う場合，ある学習課題をひとまとめにして習う場合（全習法）と，まずはいくつかに分けた学習課題を部分ごとに習い，最後に全体をひとまとめにして練習する方法（分習法）もある。どちらが効果的であるかは内容によって異なると言えよう。たとえばサッカーのシュート練習をする場合，「ゴール前にボールを置く」「ボールから離れる」「ボールに向かって助走する」「助走した勢いでボールを蹴る」のように4つ程度の活動に分けることは可能である。しかし，「今日の時間はゴール前にボールを置く練習を100回しなさい。次の時間はボールから離れる練習を100回行います」という形で内容一つひとつを扱うよりは，4つの活動をひとまとめにしてシュート練習を行った方がはるかに効果的である。一方，論作文に取り組む場合，よほど文章を書くことに習熟していない限りは，「書く内容の抽出」「抽出内容の精選，並べ替え（構成）」「文章化」というプロセスを段階的に追った方が効果的である。

**2) 集中法・分散法**　同じことを習う場合でも，一定時間休憩をとらずに反復する場合（集中法）もあれば，途中で休憩を入れながら取り組む場合（分散法）もある。たとえば論作文などの論述課題に取り組む場合，一度休憩を入れてしまうとせっかく考えた文章の流れが変わる可能性があるため，内容抽出・内容構成・文章化を反復しつつ，一度に文章を完成させた方が効果的である。一方で，単語や化学記号などを暗記する場合，休憩せずに活動を続けると疲労により学習効率が低下する恐れがあるため，たとえば1回90分などと時間を区切り，適宜休憩をはさみながら活動を行う方が効果的であると言われている。

## 第2節　教科教育関連の動向

前節ではいわゆる「学習」が成立するメカニズムを中心に紹介したが，本節では，学校教育，中でも教育課程や教科教育と関連した内容を取り上げる。

わが国の学校教育を行う上で要となる学習指導要領は，昭和33年から大臣告示の形をとるようになり，以後，ほぼ10年ごとに改訂されている（文部科学省，2011a)。改訂を行うごとにさまざまな変化が見られるが，中でも，小中学校で2002年度から，高等学校では2003年度から年次進行で実施された学習指導要領（文部省，1998a，1998b，1999）策定にあたっては，中央教育審議会（1996）の以下の答申の内容が反映された。文部科学省（2011b）によると，中央教育審議会の第1次答申においては，21世紀を展望し，わが国の教育について，「ゆとり」の中で「生きる力」をはぐくむことを重視することが提言された。そして，「ゆとり」の中で「生きる力」をはぐくむ観点から，完全学校週5日制の導入，および，そのねらいを実現するための教育内容の厳選が是非とも必要であることが提言された。この学習指導要領実施に係る教育課程においては，年間の総学習時間が減少した一方で，総合的な学習の時間の創設，中学校における選択教科の授業時数の増加が見られた。しかしながら，教育内容精選および精選に伴う内容削減による学力低下への懸念が生じたことなどを受け，2003年には学習指導要領の一部改訂が行われた。その際，各学校が子どもたちの実態に応じ，学習指導要領が示していない内容を加えて指導することができることが明確にされた。その後，子どもたちの現状や課題等を考慮し，次期の学習指導要領（文部科学省，2008a，2008b，2009）が策定され，幼稚園では2009年度，小学校では2011年度，中学校では2012年度から，高等学校では 2013 年度から学年進行で実施されるに至った。その中では,「生きる力」をはぐくむという理念は引き続き継承されているが, 上記答申以降に顕著になった「『知識基盤社会』の時代」と言われる社会の変化の中,「生きる力」をはぐくむという理念がますます重要とされているとの指摘が見られる（中央教育審議会初等中等教育分科会, 2007)。また, 中央教育審議会（2009）は, 答申の中で,「基礎的・基本的な知識・技能の習得」を基盤とする「思考力・判断力・表現力等の育成」「学習意欲の向上や学習習慣の確立」「豊かな心や健やかな体の育成のための指導の充実」を重視することを示した。また, 確かな学力を確立するのに必要な授業時数を確保するため, 各学校段階で授業時数が増加した。その後, 再度学習指導要領の改訂がなされ, 幼稚園では 2018 年度, 小学校では 2020 年度, 中学校では 2021 年度, 高等学校では 2022 年度から年次進行で, 新学習指導要領（文部科学省, 2017a, 2017b, 2018）が実施されることが決定している。

これらの動きを受け, 本節ではまず, 今回の学習指導要領改訂に係る方向性について解説する。また, 現行の学習指導要領との相違点, 新学習指導要領において追加された事項のうち, 主要な点について, 教科教育と関連づけながら紹介する。

### (1) 新学習指導要領改訂の基本的な考え方

文部科学省（2017d）は, 学習指導要領改訂の基本的な考え方として以下の 3 点をあげた。

- 教育基本法, 学校教育法などを踏まえ, これまでの我が国の学校教育の実践や蓄積を活かし, 子供たちが未来社会を切り拓くための資質・能力を一層確実に育成すること
- 知識及び技能の習得と思考力, 判断力, 表現力等の育成のバランスを重視する現行学習指導要領の枠組みや教育内容を維持した上で, 知識の理解の質をさらに高め, 確かな学力を育成すること
- 先行する特別教科化など道徳教育の充実や体験活動の重視, 体育・健康に関する指導の充実により, 豊かな心や健やかな体を育成すること

## (2) 学習指導要領改訂の方向性

文部科学省（2017c）は，学習指導要領改訂に係り，まず，指導すべき個別の内容事項を検討する上で，学習者（幼児，児童，生徒）の視点に立ち，教育課程全体や各教科等の学びを通じて「何ができるようになるのか」という観点から，育成すべき資質・能力を整理する必要があることを指摘した。その上で，整理された資質・能力を育成するために「何を学ぶのか」（必要な指導内容等）を検討し，その内容を「どのように学ぶのか」について，学習者の具体的な学びの姿を考えながら構成していく必要があることを述べた。以下，「育成すべき資質・能力」「何を学ぶのか」「どのように学ぶのか」の３点に関する記載事項を紹介する。

**1) 育成すべき資質・能力（何ができるようになるのか）**　育成すべき資質・能力について，「知識・技能の習得」「思考力・判断力・表現力等の育成」「学びに向かう力・人間性等の涵養」の３点（３つの柱）があげられた。

**①「知識・技能（の習得）」**　知識・技能とは，各教科等に関する個別の知識や技能，身体的技能や芸術表現のための技能等を指す。基礎的・基本的な知識・技能を着実に獲得しながら，既存の知識・技能と関連づけたり組み合わせたりしていくことにより，知識・技能の定着を図るとともに，社会のさまざまな場面で活用できる知識・技能として体系化しながら身につけていくことが重要であるとの指摘が見られる。

**②「思考力・判断力・表現力等（の育成）」**　思考力・判断力・表現力については，問題を発見し，その問題を定義し解決の方向性を決定し，解決方法を探して計画を立て，結果を予測しながら実行し，プロセスを振り返って次の問題発見・解決につなげていくこと（問題発見・解決）や，情報を他者と共有しながら，対話や議論を通じて互いの多様な考え方の共通点や相違点を理解し，相手の考えに共感したり多様な考えを統合したりして，協力しながら問題を解決していくこと（協働的問題解決）に必要な力と位置づけられている。このうち，問題発見・解決のプロセスの中では，以下のような思考・判断・表現の力を身につけていくことが重要であるとの指摘が見られる。

・問題発見・解決に必要な情報を収集・蓄積するとともに，既存の知識に加え，必要となる新たな知識・技能を獲得し，知識・技能を適切に組み合わせて，それらを活用しながら問題を解決していくために必要となる思考
・必要な情報を選択し，解決の方向性や方法を比較・選択し，結論を決定していくために必要な判断や意思決定
・伝える相手や状況に応じた表現

**③学びに向かう力・人間性等の涵養**　上記の①および②の資質・能力を，どのような方向性で働かせていくかを決定づける重要な要素であると位置づけられており，以下のような情意や態度等に関わるものが含まれる。
・主体的に学習に取り組む態度も含めた学びに向かう力や，自己の感情や行動を統制する能力，自らの思考のプロセス等を客観的にとらえる力など，いわゆる「メタ認知」に関するもの
・多様性を尊重する態度と互いのよさを生かして協働する力，持続可能な社会づくりに向けた態度，リーダーシップやチームワーク，感性，優しさや思いやりなど，人間性等に関するもの

こうした，育成すべき資質・能力については各教科において策定が求められているが，たとえば中学校理科では以下の例があげられた。
・生物の体のつくりと働き，生命の連続性などについて理解させる（知識・技能）
・観察，実験など科学的に探究する活動を通して，生物の多様性に気づくとともに規則性を見出し表現したりする力を養う（思考・判断・表現力）
・科学的に探究しようとする態度や生命を尊重し，自然環境の保全に寄与する態度を養う（学びに向かう力・人間性等の涵養）

**2）何を学ぶか**　「何を学ぶか」については，新しい時代に必要となる資質・能力を踏まえた教科・科目等の新設や目標・内容の見直しをあげている。その中で，小学校の外国語教育の教科化（小学校５・６年生における「外国語科」の新設），「道徳」の特別の教科化，高等学校における新科目「歴史総合」「公共」の新設等があげられた。また，小学校３・４年生における「外国語活動」が新設されること，各教科等で育む資質・能力を明確化して目標や内容を構造的に示すことについてもあげられた。

**3) どのように学ぶか**　学習内容等を「どのように学ぶか」については，以下の事項があげられた。

1つ目は「主体的な学び」に関することである。学ぶことに興味や関心を持ち，自己のキャリア形成の方向性と関連づけながら，見通しを持って粘り強く取り組み，自己の学習活動を振り返って次につなげる「主体的な学び」が実現できているか，という点が重要であるとの指摘が見られる。

2つ目は，「対話的な学び」に関することである。子ども同士の協働，教職員や地域の人との対話，先哲の考え方を手掛かりに考えることなどを通じ，自己の考えを広げ深める「対話的な学び」が実現できているか，という点が重要であるとの指摘が見られる。

3つ目は，「深い学び」に関することである。習得・活用・探究という学びの過程の中で，各教科等の特質に応じた「見方・考え方」(物事をとらえる視点や考え方。以下，「見方・考え方」と表記）を働かせながら，知識を相互に関連づけてより深く理解したり，情報を精査して考えを形成したり，問題を見出して解決策を考えたり，思いや考えを基に創造したりすることに向かう「深い学び」が実現できているか，という点が重要であるとの指摘が見られる。

これらの指摘は学習指導要領にも実際の記述として見られる。たとえば文部科学省（2017b）では，第1章総則の「第3　教育課程の実施と学習評価」のうち，「1　主体的・対話的で深い学びの実現に向けた授業改善」において，「単元や題材など内容や時間のまとまりを見通しながら，児童の主体的・対話的で深い学びの実現に向けた授業改善を行うこと」「各教科等の特質に応じた見方・考え方が鍛えられていくことに留意し，児童が各教科等の特質に応じた見方・考え方を働かせながら，知識を相互に関連付けてより深く理解したり，情報を精査して考えを形成したり，問題を見いだして解決策を考えたり，思いや考えを基に創造したりすることに向かう過程を重視した学習の充実を図ること」といった記述が見られる。

さらに，中央教育審議会（2016）は，「深い学び」と「見方・考え方」についての指摘において，既に身に付けた資質・能力の3つの柱によって支えられた「見方・考え方」が，習得・活用・探究という学びの過程の中で働くことを通じて，資質・能力がさらに伸ばされたり，新たな資質・能力が育まれたりし，それによって「見方・考え方」が更に豊かなものになる，という相互の関係にあることを述べている。

### (3) 教育内容の改善事項

教育内容については，改善事項として主に以下の7点があげられた。

**1) 言語能力の確実な育成**　言語能力については，現行の学習指導要領同様，各教科での育成が求められている。たとえば，小学校・中学校の国語科における「発達の段階に応じた，語彙の確実な習得，意見と根拠，具体と抽象を押さえて考えるなど情報を正確に理解し表現する力の育成」，小学校・中学校の総則，各教科等において述べられている「学習の基盤としての各教科等における言語活動（実験レポートの作成，立場や根拠を明確にして議論することなど）の充実」をあげている。

**2) 理数教育の充実**　理数教育については，主に下記2点があげられた。1点目は，小学校算数・中学校数学における，「日常生活等から問題を見いだす活動」，小学校・中学校理科における「見通しをもった観察・実験」などの充実により，さらに学習の質を向上させることである。2点目は，小学校算数・中学校数学における「必要なデータを収集・分析し，その傾向を踏まえて課題を解決するための統計教育の充実」である。

**3) 伝統や文化に関する教育の充実**　伝統や文化に関する教育については，以下の教科・科目での各事項の指導の充実があげられた。

・幼稚園：正月，わらべうたや伝統的な遊びなど我が国や地域社会における様々な文化や伝統に親しむこと
・小学校・中学校国語科：古典など我が国の言語文化
・小学校社会科：県内の主な文化財や年中行事の理解
・小学校・中学校音楽科：我が国の郷土の音楽，和楽器
・中学校保健体育科：武道
・小学校家庭科・中学校技術・家庭科：和食や和服

**4）道徳教育の充実**　先行する道徳の特別教科化（小学校：平成30年4月，中学校：平成31年4月）による，道徳的価値を自分事として理解し，多面的・多角的に深く考えたり，議論したりする道徳教育の充実があげられた。そのために，検定教科書を導入したのをはじめ，内容については，いじめの問題への対応の充実や発達の段階をより一層踏まえた体系的なものに改善された。また，問題解決的な学習や体験的な学習などを取り入れるなど，指導方法の工夫が見られる。評価については，数値評価ではなく，児童生徒の道徳性に係る成長の様子を認め，励ます評価を記述式にて行うことが求められている。そのため，指導要録の様式例は示すものの，内申書には記載せず，中学校・高等学校の入学者選抜には使用しない。特別教科としての道徳においては，「答えが一つでない課題に子供たちが道徳的に向き合い，考え，議論する」道徳教育への転換を図り，より児童生徒の道徳性を育む，ということが記された。

**5）体験活動の充実**　体験活動については，生命の有限性や自然の大切さ，挑戦や他者の協働の重要性を実感するための体験活動の充実（小学校・中学校総則），自然の中での集団宿泊体験活動や職場体験の重視（小学校・中学校特別活動等）があげられた。

**6）外国語教育の充実**　外国語教育については以下の2点があげられた。

1つ目は，「小学校において，中学年で「外国語活動」を，高学年で「外国語科」を導入する」である。小学校の外国語教育の充実にあたっては，新教材の整備，養成・採用・研修の一体的な改善，専科指導の充実，外部人材の活用などの条件整備を行い支援することも記された。

2つ目は，「小・中・高等学校一貫した学びを重視し，外国語能力の向上をはかる目標を設定するとともに，国語教育との連携を図り日本語の特徴や言語の豊かさに気付く指導の充実」である。

なお，外国語教育においては，今回，小・中・高等学校を通じ，5つの領域（「聞くこと」「読むこと」「話すこと［やり取り・発表］」「書くこと」）別の目標が設定された。そして，まず小学校3・4年生（外国語活動）では，「聞くこと」「話すこと（やり取り・発表）」を中心とし，外国語に慣れ親しませ，学習への動機づけを高めることが求められている。これを受け，5・6年生では週2コマの「外国語科」にて段階的に「読むこと」「書くこと」を加え，指導の系統性を確保することが求められている。

中学校では，互いの考えや気持ちなどを外国語で伝え合う対話的な活動を重視し，具体的な課題を設定するなどして，学習した語彙，表現などを実際に活用する言語活動を充実することが求められている。また，授業は外国語で行うことを基本とすることも記された。

高等学校では5領域を総合的に扱う科目として「英語コミュニケーションⅠ・Ⅱ・Ⅲ」を，発信力を高める科目とし群として「論理・表現Ⅰ・Ⅱ・Ⅲ」を設定すること，授業は外国語で行うことを基本とすることが記された。

**7）プログラミング教育に係る事項**　プログラミング教育にいては，小学校段階における論理的思考力や創造性，問題解決能力等の育成とプログラミング教育に関する有識者会議（2016）において以下の指摘がなされた。

プログラミング教育とは，子どもたちに，コンピュータに意図した処理を行うように指示することができるということを体験させながら，将来どのような職業に就くとしても，時代を超えて普遍的に求められる力としての「プログラミング的思考」などを育成するものであると定義されている。また，プログラミング教育を通じて目指す育成すべき資質・能力として，以下の点があげられた。

・知識・技能：身近な生活でコンピュータが活用されていることや，問題の解決には必要な手順があることに気付く

・思考・判断・表現：発達の段階に即して「プログラミング的思考」を育成すること

・学びに向かう力・人間性等：発達の段階に即して，コンピュータの働きを，よりよい人生や社会づくりに生かそうとする態度を涵養すること

こうした資質・能力を育成するプログラミング教育を行う単元について，各学校が適切に位置づけ，実施していくことが求められている。たとえば，小学校段階におけるプログラミング教育の実施例としては，音楽における「創作用のICTツールを活用しながら，音の長さや高さの組み合わせなどを試行錯誤

し，音楽をつくる学び」などがあげられた。

このような形で，2018年度以降，順次，各教育段階において新学習指導要領下での教育課程が実施される。

**■引用文献**

中央教育審議会（1996）．21世紀を展望した我が国の教育の在り方について（答申）　中央教育審議会

中央教育審議会初等中等教育分科会（2007）．教育課程部会におけるこれまでの審議の概要（検討素案）〈http://www.mext.go.jp/b_menu/shingi/chukyo/chukyo3/siryo/07102505/003/003.htm〉（2018年5月29日）

中央教育審議会（2009）．幼稚園，小学校，中学校，高等学校及び特別支援学校の学習指導要領等の改善について（答申）〈http://www.mext.go.jp/b_menu/shingi/chukyo/chukyo0/toushin/__icsFiles/afieldfile/2009/05/12/1216828_1. pdf〉（2018年5月29日）

中央教育審議会初等中等教育分科会教育課程部会（2016）．教育課程部会におけるこれまでの審議のまとめ　中央教育審議会初等中等教育分科会教育課程部会

岩波書店（2018）．岩波国語辞典第7版新版　岩波書店

文部省（1998a）．中学校学習指導要領　文部省

文部省（1998b）．小学校学習指導要領　文部省

文部省（1999）．高等学校学習指導要領　文部省

文部科学省（2008a）．中学校学習指導要領　文部科学省

文部科学省（2008b）．小学校学習指導要領　文部科学省

文部科学省（2009）．高等学校学習指導要領　文部科学省

文部科学省（2011a）．学習指導要領とは何か？〈http://www.mext.go.jp/a_menu/shotou/new-cs/idea/1304372.htm〉（2018年5月29日）

文部科学省（2011b）．学習指導要領等の改訂の経過〈http://www.mext.go.jp/a_menu/shotou/new-cs/idea/__icsFiles/afieldfile/2011/03/30/1304372_001.pdf〉（2018年5月29日）

文部科学省（2017a）．中学校学習指導要領　文部科学省

文部科学省（2017b）．小学校学習指導要領　文部科学省

文部科学省（2017c）．新しい学習指導要領の考え方――中央教育審議会における議論から改訂そして実施へ――　文部科学省〈http://www.mext.go.jp/a_menu/shotou/new-cs/__icsFiles/afieldfile/2017/09/28/1396716_1.pdf〉（2018年5月29日）

文部科学省（2017d）．幼稚園指導要領，小・中学校学習指導要領等の改訂のポイント　文部科学省〈http://www.mext.go.jp/a_menu/shotou/new-cs/__icsFiles/afieldfile/2017/06/16/1384662_2.pdf〉（2018年5月29日）

文部科学省（2018）．高等学校学習指導要領　文部科学省

中島義明・安藤清志・子安増生・坂野雄二・繁桝算男・立花政夫・箱田裕司（1999）．

心理学辞典　有斐閣
小学校段階における論理的思考力や創造性，問題解決能力等の育成とプログラミング教育に関する有識者会議（2016）．小学校段階におけるプログラミング教育の在り方について（議論の取りまとめ）〈http://www.mext.go.jp/b_menu/shingi/chousa/shotou/122/attach/1372525.htm〉（2018 年 5 月 29 日）
山本多喜司（監修）（1991）．発達心理学用語辞典　北大路書房

## ■参考文献

新井邦二郎（編）（2008）．図でわかる学習と発達の心理学　福村出版
新井邦二郎・濱口佳和・佐藤　純（2009）．心理学の世界基礎編　6　教育心理学　学校での子どもの成長をめざして　培風館
文部科学省（2003）．確かな学力〈http://www.mext.go.jp/a_menu/shotou/gakuryoku/korekara.htm〉（2009 年 9 月 28 日）
文部科学省（2009）．学校週 5 日制に関するこれまでの経緯〈http://www.mext.go.jp/a_menu/shougai/week/index_b.htm〉（2009 年 9 月 28 日）
東洋館出版社（2017a）．中学校新学習指導要領ポイント総整理　東洋館出版社
東洋館出版社（2017b）．小学校新学習指導要領ポイント総整理　東洋館出版社

# 第10章　人間形成の場としての学校

## 第1節　人間関係のとらえ方の視点

自分の近くに他者がいると，自分自身の考え方や自分への態度が影響を受ける。その他者に対して何らかの態度が形成される。私たちは，このような自己観や対人態度をとおして，他者との相互作用を行っている。たとえば，中村(1983) は，他者との相互関係を，①目標性（協同 - 競争），②結合性（友好 - 敵対），③分化性（対等 - 上下）の3次元からとらえている（図10-1）。目標性とは，複数の個人が同じ目標をもったときに生じる。結合性とは，他者との心理的結合と分離という相互関係である。そして分化性とは，他者との役割の

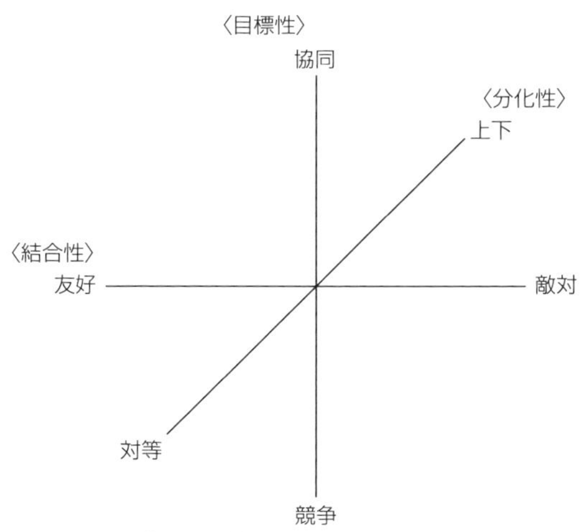


図10-1　対人相互的関係における3つの次元（中村，1983）

分化のことである。そこで，教室における人間関係を分化性の次元に当てはめてみると，教師－子ども関係は上下関係，子どもどうしの関係は対等関係として考えることができるだろう。しかしこれは，両者の役割・立場のみに注目した場合に考えられる関係である。実際には，教師－子ども関係を対等であるととらえている子どももいるだろうし，子どもどうしの関係に上下関係が存在していることもあるだろう。

## 第2節　教師－生徒関係

### (1) 子どもの学習意欲・学習成績に及ぼす教師の影響

わが国では，教師は主として学級で一斉指導をするという授業形態をとっている。教師は，その中で児童・生徒一人一人をよく理解し，その個性を生かして指導すること，全員に対して平等に接することが同時に期待されている。しかし，生徒に個人差がある限りこの両者を同時に満たすことは難しいのである。だからといって，特定の子どもにだけ意識を向けると「あの先生はヒイキをする」と言われかねない。

教師自身は自分が児童・生徒の学習意欲に及ぼす影響の大きさをどれくらい認知しているのであろうか。このことに関して吉田・山下（1987）は，児童・生徒の学習意欲に及ぼす要因を，児童・生徒自身を対象にした調査によって明らかにし，それぞれの要因における教師と生徒の認知のずれについて検討した。

因子分析を実施した結果，学習意欲に影響を及ぼす要因については小・中学生ともに3因子が抽出され，第2因子が学習意欲を促進する因子，他の2因子が学習意欲を阻害する因子となっていた（表10-1）。学習意欲を促進する要因として，小・中学生とも学習場面で積極的に行動しているとき，その結果が良かったときなど，直接学習行動と関連した項目が多くあげられていた。小学生の場合は，中学生と比較すると教師の行動をあげた項目が少ないが，いずれにしても学習場面での積極的行動やそれに対する教師の評価が学習意欲を促進しているのであるから，その点では教師の働きかけが重要なことは言うまでもないであろう。

一方，学習意欲を阻害する要因については，小・中学生の間に違いが見られ

**表 10-1　学習意欲に影響を与える要因**（吉田・山下，1987）

| | 因　子 | 項　目　例 |
|---|---|---|
| 小学生 | | |
| 第１因子 | 自分に対する他者の否定的な評価や行動にかかわりのある項目 | 「人から馬鹿にされたとき」<br>「仲間はずれにされたとき」 |
| 第２因子 | 自分自身に積極性が感じられる場合や教師の学習意欲を促進する行動 | 「発表した答えがあったとき」<br>「先生からほめられたとき」 |
| 第３因子 | ぼんやりした倦怠感，疲労感 | 「休みのつぎの日」 |
| 中学生 | | |
| 第１因子 | 教師の否定的な行動や抑制的な行動 | 「先生から注意されたとき」<br>「先生が急に態度をかえるとき」 |
| 第２因子 | 自分自身に積極性が感じられる場合，教師の学習意欲を促進する行動，友人との良好な関係や競争意識 | 「テストの成績がよかったとき」<br>「先生が相談にのってくれたとき」<br>「友達が頑張っているとき」 |
| 第３因子 | 他者（特に友人）からの否定的な評価や行動 | 「友達から頭が悪いといわれたとき」 |

た。小学生の場合には他者の否定的な評価や行動が意欲を阻害する要因としてあがっているが，その他者には友人も親も教師も平等に含まれていた。これに対して中学生では，意欲を阻害する要因としてあげられた項目の中に，教師の行動が多く見られた。そして，友人からの否定的な評価や行動に関係した項目は別の因子として独立していた。中学生では同じ他者との人間関係にしても，友人と教師とを分化して認知していることによると考えられる。この点は，発達段階の違いとして説明できるだろう。しかし，ここでより重要なことは，中学生においては教師の行動が学習意欲を促進するにも，あるいは阻害するにも非常に大きな影響を及ぼしているという事実である。

教師が児童・生徒に対してもつ期待の効果として，ピグマリオン効果がよく知られている。ピグマリオン効果とは教師期待効果とも称されるように，教師が特定の子どもに「この子どもは将来きっと成績が向上する」と予想して接していると，実際にその子どもの成績が上がるという効果である。これは，教師が特定の子どもに対してもつ期待が子どもに微妙に伝わり，子どもの学習行動・学習成果に影響を与えることを示している。この効果はしかし，学年を追うごとに弱くなっていくことが同時に示されている。すなわち教育年齢の初期においては教師の態度・期待が，児童の学習成績により大きく反映することを示しているのであろう。

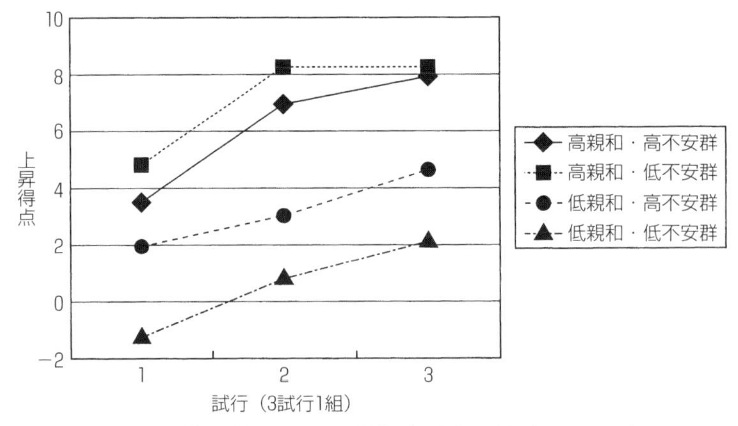


**図10-2　第1試行からの上昇得点**（3試行平均）（河野，1988）

教育年齢初期の児童に対する教師の指導態度に関する研究として，河野（1988）は教師の親和的手掛かりが子どもの学習に及ぼす影響について，小学校低学年の児童を対象に実験を行った。高親和的役割の教師は，常に児童に対してニコニコしながら，積極的に話しかけ，緊張を解きほぐし，児童の発言に対しては気持ちよく対応した。低親和的役割の教師は，事務的に必要最小限の教示を与え，常に無表情あるいは厳しい表情をとり，児童の発言に対しても事務的に対応した。児童はテスト不安の高さと教師の親和条件を下に4群に配置され，符号課題の学習成績を比較された（図10-2）。その結果，テスト不安の高さにかかわらず高親和的役割の教師の場合に学習成績が高いことが示された。そして学習課題および教師に対する好意度に関しても，高親和的教師に接した子どものほうが好意度が高いことが示された。河野は，短時間の実験授業をとおしての接触でも，教師の親和的手掛かりの高低が子どもの学習成績ばかりでなく，学習課題や教師に対する好意度に影響を及ぼすのであるから，教師を子どもの長期にわたるかかわりを考えると，毎日の教師－児童関係が子どもに与える影響の大きさは測りしれない，と述べている。

### (2) 教師のリーダーシップ

教師の役割として，学級集団におけるリーダーシップをとるということがある。教師がもつリーダーとしての特性や，その特性を反映した行動により，教室内の雰囲気が異なってくる。

リーダーシップについては，リーダーの特性が集団に影響するという研究や，リーダーシップ機能という観点からの研究がある。前者ではリーダーシップ研究の初期に行われた専制的・民主的・放任的リーダーによる集団の成員への影響の研究があり，後者ではPM理論に代表されるリーダーシップ理論が有名である。

専制的・民主的・放任的の3種のリーダーシップをもつ指導者が子どもにもたらす影響についての実験において，専制的リーダーシップの下では，少年たちの不平不満や攻撃的な言動の顕著な型と，無気力で服従的，抑圧的な型とに分かれたが，一般的に仲間意識が低く，身代わりを攻撃するとかリーダーの注目をひこうとする傾向が見られた。これに対して，民主的リーダーシップの下では集団意識が強く，仲間同士は友好的で作業への動機が強く，モラールは高く，作業は質量とも優れていた。また，放任的リーダーシップの下では遊びが多く，作業は質量ともに低い水準であった。

三隅（1966）は，リーダーシップの機能という観点から，リーダーシップを集団の目標達成機能（performance；P機能）と集団維持機能（maintenance；M機能）からとらえた。ここでP機能とは，目標達成のために計画を立てたり，成員に指示を与えたりするリーダーの行動を指す。M機能とは，成員の立場を理解し，集団内に親和的な雰囲気を生み出したりする行動を指す。P機能とM機能を組み合わせてPM型，P型，M型，pm型のタイプに分類される。一般に，PM型では集団の生産性，成員の満足度が最も高く，pm型で最も生産性が低く，不満も高いことが多くの研究によって実証されている。

佐藤（1993）は，中学校における学級担任教師のPM式指導類型と学校モラールとの関連を検討した。学校モラールとして，因子分析の結果より「授業理解」「学級連帯性」「校則」「学校満足」「心身の安定」「学習意欲」の6因子を用いた。学級集団でのPM式指導類型の効果は，「学級連帯性」「校則」「学校満足」「学習意欲」のそれぞれの面で，PM型集団が高い値を示した。また，生徒個人でのPM式指導類型の効果はすべてのモラール項目において有意差が認められ，PM型の得点が高い値を示した（表10-2）。学級「集団」と生徒

**表 10-2　学級「集団」・生徒「個人」次元別指導類型におけるモラールの結果**（佐藤，1993）

<table>
<tr><th rowspan="2">次元指導類型（A）</th><th colspan="5">生徒「個人」次元指導類型（B）</th><th>分散分析の結果</th></tr>
<tr><th>PM</th><th>M</th><th>P</th><th>pm</th><th>計</th><td rowspan="6">学級「集団」（A）** [PM>M, P; pm>P]<br>生徒「個人」（B）** [PM, M>P, pm]<br>(A)×(B)*<br>[PM-PM, PM-M, pm-PM>PM-pm, M-P, M-pm, P-P, P-pm, pm-P, pm-pm]<br>[M-PM>M-P, P-pm, pm-pm]<br>[pm-M>M-P]</td></tr>
<tr><td>PM</td><td>18.25</td><td>18.80</td><td>17.63</td><td>16.80</td><td>18.03</td></tr>
<tr><td>M</td><td>18.22</td><td>17.50</td><td>14.95</td><td>16.65</td><td>17.36</td></tr>
<tr><td>P</td><td>17.61</td><td>17.53</td><td>16.98</td><td>16.20</td><td>17.05</td></tr>
<tr><td>pm</td><td>18.68</td><td>17.77</td><td>16.77</td><td>16.59</td><td>17.18</td></tr>
<tr><td>計</td><td>18.21</td><td>17.92</td><td>16.95</td><td>16.59</td><td></td></tr>
</table>

（モラール合計）　　$^{*}p<.05$　$^{**}p<.01$

「個人」でのPM式指導4類型の交互作用効果についてみると，「学級連帯性」と「学習意欲」および「モラール合計」とにおいて有意な交互作用が見出された。「集団」次元でのPM式類型は，「個人」次元での各指導類型認知全体のモラールに対して促進的な一方，P型類型集団の場合には抑制的な社会的風土を醸成していると言える。これに対し，M型およびpm型集団の場合には，集団（成員）全体のある意味での行動の自由度を高めることになり，「個人」次元でも各指導類型の効果性が顕在化しやすくなると考えられる。

## 第3節　生徒の相互作用

### (1) 児童・生徒がつくる人間関係

児童期の友人関係は，遊び友達が中心となる。家が近所であるとか，教室の席が近くであるといった空間的・物理的に近いところにいる相手を友人として選択しやすい。そして思春期に入ると，友人は多分に選択的になり，相手の内面にも注意が向くようになる。相手の学業や知能や人格的特性のすぐれているところを尊敬する，気が合う，性格や趣味や意見が一致するなどの相手を尊敬できるかどうか，相手と共感できるかどうかというのが重要になる。

子どもたちは家庭あるいは幼稚園・保育園で学んだ人間関係の基本的スキルに基づいて学校に行き，そこでの多くの他の仲間との相互作用をとおして，さらにそのスキルの拡張や修正，新たなる習得をする。学校でも子ども同士の人間関係は，学校・学級集団での公式的な関係と仲間関係の非公式な関係の2面があり，それらは発達課題を果たす重要な場になっている。

田﨑・狩野（1985）は，ソシオメトリック・コンデンセイション法を用いて学級集団の大局的構造をとらえ，児童のモラールとの関連について考察した。ソシオメトリック・コンデンセイションとは，ソシオメトリック構造における相互選択関係を基準にして成分を構成し，順次凝縮していくやり方である。田﨑・狩野は，構造の特性を記述する次元として，「統合性」「集中性」「階層性」に着目した。「統合性」とは構造を全体として見たとき，その連なりの度合い（統合－分団）である。「集中性」とは構造内における中心と周辺の分化の度合い（高集中－低集中）を言うものである。「階層性」とは，組織体におけるフォーマル構造のような階層がどの程度（有階層－無階層）存在するかの次元である。構造とモラールとの関連を総合的に見ると（表10-3），男子集団の場合，分断構造より統合構造，低集中構造よりも高集中構造の学級の方が児童のモラールは高かった。この傾向は，選択基準が「遊び」の場合により顕著である。また，「遊び」の場合に限って，有階層構造群の児童のモラールは無階層構造群の児童のモラールよりも高い傾向も見られた。一方，女子においては，ある特定の個人に勢力が集中した集団は好まない。2-3人，3-4人の心の通い合った関係の中で過ごすことを好む傾向，つまり親和志向的特性にある。したがっ

**表10-3　構造特性と児童のモラール**（田﨑・狩野，1985）

| 選択基準 | 学習 | | | | 遊び | | | |
|---|---|---|---|---|---|---|---|---|
| | 男 | | 女 | | 男 | | 女 | |
| 統合性 | 統合 | 分団 | 統合 | 分団 | 統合 | 分団 | 統合 | 分団 |
| 児童数(集団数) | 307(17) | 160(9) | 266(15) | 229(11) | 271(15) | 196(11) | 188(10) | 307(16) |
| モラール得点 | 31.1 | 30.7 | 31.5 | 31.6 | 31.7 | 30.0 | 31.1 | 31.8 |
| $t$-検定結果 | n.s. | | n.s. | | $p<.01$ | | n.s. | |
| 集中性 | 高 | 低 | 高 | 低 | 高 | 低 | 高 | 低 |
| 児童数(集団数) | 325(18) | 142(8) | 77(4) | 318(22) | 217(12) | 250(14) | 42(3) | 453(23) |
| モラール得点 | 31.2 | 30.5 | 31.4 | 31.7 | 31.6 | 30.5 | 29.1 | 29.3 |
| $t$-検定結果 | n.s. | | n.s. | | $p<.05$ | | n.s. | |
| 階層性 | 有 | 無 | 有 | 無 | 有 | 無 | 有 | 無 |
| 児童数(集団数) | 217(11) | 250(15) | 166(8) | 329(18) | 212(12) | 255(14) | 73(4) | 422(22) |
| モラール得点 | 30.3 | 31.6 | 32.1 | 31.0 | 31.4 | 30.6 | 32.1 | 31.0 |
| $t$-検定結果 | $p<.01$ | | $p<.05$ | | $p<.10$ | | $p<.05$ | |

て，男子ほど顕著ではないが，より分断構造群においてモラールが高いと考えられた。

### (2) まわりに同年代の他者がいることによる影響：社会的比較

人は，自己の意見や行動の妥当性を高め，所属する社会や集団での自分の置かれた状態・環境をよく知るために，さまざまな他者との比較を行っている。フェスティンガー（Festinger, 1954）は，人間には自分の意見や能力を評価しようとする動機づけがある，ということを主張した。これは社会的比較理論の仮定の1つである。またフェスティンガーは，評価のための客観的基準が使えないときは自分の意見や能力を他者と比較する，すなわち自己評価することが社会的比較の働きの中心であるとしている。このとき，比較の対象となるのは類似した他者が多い。これは，自分と類似した他者の方が，明瞭で安定した自己評価が獲得できるからである。

では，こうした社会的比較は，いつ頃から起こるのであろうか。フレイとルーブル（Frey & Ruble, 1985）は，幼稚園児から小学校4年生までの児童に対して，社会的比較の内容について面接調査を行った。その結果，学年が上がるにつれ，相手の個性に対する興味から課題の遂行に対する興味へと移行することを示した。そして比較の対象についても，自分と能力差のある他者よりも自分と同じくらいの能力をもつ他者との比較が，児童においても有意に多く行われることが示されている（France-Kaatrude & Smith, 1985）。

### (3) 生徒・学級の目標認知による影響

児童・生徒の相互作用に共通の目標が設定された場合，相互関係がよりはっきりしてくる。お互いに力を出し合ってその目標を達成しようとすれば，その関係は“協同関係”と称される。反対に一方がその目標を達成した場合，もう一方が目標を達成することができなくなるようになると，その関係は“競争関係”と称される。

中村の人間関係における目標性の次元について，目標構造（goal structure）の分析からは，この対人関係を伴う2つの目標に加えて，対人関係を伴わない目標構造である個人志向（individual orientation）があることも指摘されている（Tjosvold, Andrews, & Jones, 1983）。目標認知では，まず対人関係を伴う・伴わないがあり，対人関係を伴う場合に競争－協同の次元の認知が生じるのであろう。

一般に競争状況においては，集団間や集団成員間において相手に対する好ましい認知の形成は阻害される（Deutsch, 1949; Sherif et al., 1961）。シェリフ（1961）は集団間競争の実験において，競争中の集団内に，①権力的リーダーシップが登場する，②競争相手に対して知覚の歪みが生じる，③競争相手に対して敵意を抱くようになる，といった現象が起こることを示した。敵意や攻撃行動に関して，競争条件と，競争とは無関係な条件を比較すると，攻撃行動は競争条件で発生しやすい（Nelson et al., 1969）ことや，競争条件と協同条件において攻撃行動の発生頻度が異なり，競争条件においてより攻撃行動が見られる（Anderson & Morrow, 1995）ことが示されている。

**表 10-4　学習目標指向性と各測度との関係**（渡辺，1990）

| 測度 | | MP群 (N=43) | Mp群 (N=35) | mP群 (N=32) | mp群 (N=41) | F (3,147) |
|---|---|---|---|---|---|---|
| 学習方法 | | 37.02c | 35.15bc | 33.41ab | 31.59a | 5.66** |
| 課題遂行意欲 | | 4.72 | 4.94 | 4.88 | 9.39 | 1.91 |
| クラスへの適応 | | 9.65b | 9.77b | 7.90a | 8.76a | 7.94** |
| 原因帰属 | | | | | | |
| 成功） | 能力 | 1.79a | 1.54a | 2.13b | 1.59a | 5.22** |
| | 努力 | 3.12 | 3.09 | 2.81 | 2.78 | 1.2 |
| | 学習方法 | 3.02c | 2.77bc | 2.50ab | 2.39a | 5.42** |
| | 課題 | 2.42 | 2.11 | 2.5 | 2.12 | 1.45 |
| | 教師 | 3.05b | 2.77ab | 2.34a | 2.46a | 4.33* |
| | 運 | 2.16b | 1.66a | 2.34b | 1.68a | 5.62** |
| 失敗） | 能力 | 2.09 | 1.77 | 2.06 | 1.93 | 0.79 |
| | 努力 | 2.81 | 2.94 | 3.03 | 2.93 | 0.3 |
| | 学習方法 | 2.56 | 2.26 | 2.53 | 2.27 | 1.02 |
| | 課題 | 2.84b | 2.23ab | 2.53b | 2.02a | 2.96* |
| | 教師 | 1.74a | 1.46a | 2.19b | 1.80a | 4.70** |
| | 運 | 2.07b | 1.49a | 2.09b | 1.49a | 6.23** |

*$p<.05$　**$p<.01$

アルファベットの同じものは多重比較において有意差なし

MP群：高マスタリー高パフォーマンス目標指向群

Mp群：高マスタリー低パフォーマンス目標指向群

mP群：低マスタリー高パフォーマンス目標指向群

mp群：低マスタリー低パフォーマンス目標指向群

では，個人内での目標ではなく学級全体としての目標指向の影響はどうであろうか。渡辺（1990）は，クラスの学習目標の認知が生徒の学業達成に及ぼす影響について考察を行っている。渡辺は学習過程そのものが価値づけられているマスタリー指向と，他人より勝る，社会的是認を受けるといった結果が価値づけられているパフォーマンス指向の2つに目標指向を分類し，それぞれの指向性の高低により，4群に分類して検討を進めた（表10-4）。マスタリー指向性の認知の強さは，学習方法，課題遂行意欲，クラスへの適応との正の因果関係が強く，学業達成への動機づけを高める認知的側面に重要な影響を及ぼしていることが示された。これに対して，パフォーマンス指向の認知は，クラスへの適応と負の因果関係が示されており，クラスの雰囲気が結果重視で競争的な傾向が強いと認知することが，クラスに対して不満を抱かせる原因となっていることが示唆される。さらに学習評価についても，学習目標の認知のしかたにより受け止め方の異なることが示された。すなわち，テストや通知表を肯定的に受けとめ，有効に利用しようとする態度がマスタリー指向と認知しているものに強いのに対して，パフォーマンス指向と認知しているものは，テストや通知表に対して否定的な程度をとることが明らかとなった。

## ■引用文献

Anderson, C. A., & Morrow, M. (1995). Competitive aggression without interaction: Effects of competitive versus cooperative instructions on aggressive behavior in video game. *Personality and Social Psychology Bulletin*, **21**, 1020-1030.

Deutsch, M. (1949). A theory of co-operation and competition. *Human Relations*, **2**, 129-152.

Festinger, L. (1954). A theory of social comparison processes. *Human Relations*, **7**, 117-140.

France-Kaatrude, A., & Smith, W. P. (1985). Social comparison, task motivation, and the development of self-evaluative standards in children. *Developmental Psychology*, **21**, 1080-1089.

Frey, K. S., & Ruble, D. N. (1985). What children say when the teacher is not around: Conflicting goals in social comparison and performance assessment in the classroom. *Journal of Personality and Social Psychology*, **48**, 550-562.

河野義章（1988）．教師の親和的手がかりが子どもの学習に及ぼす効果　教育心理学研究, **36**, 161-165.

三隅二不二（1966）．新しいリーダーシップ——集団指導の行動科学［改訂版］ 有斐閣
中村陽吉（1983）．対人場面の心理 東京大学出版会
Nelson, J., Gelfand, D., & Hartmann, D. (1969). Children's aggression following competition and exposure to an aggressive model. *Child Development*, **40**, 1085-1097.
佐藤静一（1993）．学級「集団」・生徒「個人」次元の学級担任教師の PM 式指導類型が生徒の学校モラールに及ぼす交互作用効果 実験社会心理学研究, **33**, 52-59.
Sherif, M., Harvey, O. J., White, B. J., Hood, W. R., & Sherif, C. (1961). *Intergroup conflict and cooperation: The robber's cave experiment.* University Books Exchange.
田﨑敏明・狩野素朗（1985）．学級集団における大局的構造特性と児童のモラール 教育心理学研究, **33**, 179-184.
Tjosvold, D., Andrews, R., & Jones, H. (1983). Cooperative and competitive relationships between leaders and subordinates. *Human Relations*, **36**, 1111-1124.
渡辺弥生（1990）．クラスの学習目標の認知が生徒の学業達成に及ぼす影響について 教育心理学研究, **38**, 198-204.
吉田道雄・山下一郎（1987）．児童・生徒の学習意欲に影響を及ぼす要因と現職教師の認知 教育心理学研究, **35**, 309-317.

# 第11章 学校学習を支える記憶プロセスとモチベーション

## 第1節　モチベーション

### (1) モチベーションとは何か

学校のどこかで毎日のように聞く言葉の1つが,〈君はやる気があるのか〉〈もっと授業に集中しましょう〉〈みんなで頑張りましょう〉である。書店には,『子どもたちのやる気を引き出す12の方法』『どうほめる,どう叱る』などの類書があふれている。まるで,やる気や動機づけなどは,とうてい自発的には出てこない気持ちであるかのようである。動機づけという用語には,やる気が出ない・起きないのを無理に引き出すようなニュアンスが付与されてしまったので,英語のモチベーションという語を使うとする説さえもある。

やる気は勉強の原動力とか,目標に向かって集中して学ぶ態度が続かなければ教室学習が成りたたないとか。これが親や教師の抱く勉強というものの暗黙の前提であるかのようであるが,それだけではない。〈先生,もっと静かにするように注意してください〉などの訴えは,静かで快適な教室の維持が教師の当然の仕事と思っているからだろう。

やる気とか意志・意欲は,少なくとも2つの要因,〈孟母三遷〉のような学習環境,〈笛を吹いても踊らない状態〉のような内的要因の2つの支配下にある。

以下には,学習や勉強をするためにやる気を引き出すことについて,教師からの工夫,児童生徒の学齢や学びの工夫,あるいは記憶力に関して探っていく。

### (2) モチベーションの説明モデル

モチベーション motivation は英語の名詞形である。カタカナのモチベーションとか，動機，動機づけ，行動のやる気，意欲，取り組む姿勢などの意味で広く使われている。心理学では，おおよそは，行動や持続の内面的な状態を表す語として使われる。つまり，行動の説明理由として仮想した心理学用語である。

目の前に水がある時に，2人のうちのAさんのほうは水を飲むし，Bさんのほうは水を飲まないとしよう。同じ場面にもかかわらず2名の応対の行動には違いがある。この違いが何かの偶然ではなく理由があるとしたら，その飲水行動の理由は心の中の状態，つまりAさんには水を飲みたいという気持ちが強く，Bさんにはそれほどの気持ちはないのだろうと仮想する。このような内的な状態としてモチベーション（動機づけ）を使って説明する。

つまり，Aさんには水を飲みたいという気持ちが起こって実際に行動し，一方でBさんには水を飲みたい気持ちが起こらなかったか，あるいは気持ちはあったが行動に移すまでは至らぬ別の理由があったと想定するのである。その簡単なモデル（模式図）を示す。

水が飲みたいという気持ちが起こり（行動の喚起），水を飲み続け（行動の継続・維持），水を飲み終わる（目標到達）までの時間的な流れはこのようになる。

この「行動の喚起」は，その時の状況によって，本人の生理学的な欲求や本能，他者からの命令・指示，過去経験に基づく自主的・自発的な行動への意思決定など，とにかくさまざまな原因・理由が関与する。この過程はひとことで言うと，動因，欲求，要求，意思決定などのやや混乱気味の多くの用語で説明されてきた。俗にやる気を出すとか，やる気を起こさせるとかは，この部分にまつわる問題である。当然のことながら，トイレに行きたくなるという生理的欲求によって直接的に行動へと移るケースもあり，〈男になるんだ！決断しろ！〉などと説得されて〈腹が据わり〉，ようやく最終的な意思決定のプロセスへと至るケースもある。学校の勉強でいえば，どうしたら勉強行動に取りかかるのかの決断の段階である。

行動の喚起　→　行動の継続・維持　→　目標到達

**図11-1　モチベーションの時間的な流れ**

行動の継続・維持には，本人の内面的な部分，俗にいう根性，気力，根気づよさのような何かが関与するが，もちろん行動面での働きかけ，すなわち〈飴（あめ）とムチ〉にあたる外発的な報酬あるいは罰との関わりが影響する。また，同じ働きかけであっても，子どもは集中力が長続きしないし，興味も次々と移りやすい。青年期特有の発達的要因や学齢の特徴もある。これは学校の勉強でいえば，長時間，粘り強く，集中して取り組み続けることと関わる。

最後に目標到達に関しては，到達したという本人の実感や見きわめのほか，指導者や友人などからの指示や指摘，スポーツの記録や健康上の計測値による判断などもかかわる。学校の勉強でいえば，問題を解き終えたという事実確認とか達成感，あるいは親や教師に OK をもらうとか，成績が合格点に達したという段階にあたる。

上記のモデルは単純であり，人間の場合には，実際には行動の継続・維持のために自律的で認知的な自分なりの見きわめをしたり，他者からの助言や指導もある。したがって，たとえば，「行動調整機能」（速水，1998）といった働きを想定したりすることも考えられてはいる。

非常に多くのケースがあり，それに即した多くのモチベーション理論，あるいはモチベーションを高める実践的な工夫が重ねられている。

### (3) マズローの欲求階層説

よく知られたマズローの欲求階層説によると，多くの欲求の相互関係には階層構造が認められるとされる。それによると，欲求は下から階層的になっている。優先的に発生する欲求が最下層に位置づけられていて，最初は生理的欲求と呼ばれた生命維持の欲求が占めている。これには，摂食，飲水，睡眠，体温調節などがある。

| 自己実現の欲求 |
|---|
| 尊敬・承認の欲求 |
| 所属と愛の欲求 |
| 安全の欲求 |
| 生理的欲求 |

**図 11-2　マズローによる欲求階層説**（Maslow, 1962, 1970）

この欲求や動機がある程度満たされると，次には安全の欲求や安定の欲求が優勢になってくる。これは安全な状況を求めたり，不確実な状況を回避する欲求である。

そして，それがある程度充足されると，次には所属の欲求や愛情の欲求が優勢になる。これは集団への所属や，友情や愛情を求める欲求である。

次には尊敬や承認の欲求が優勢になってくる。これは自信・能力・達成など自尊心に関する欲求と，名声や地位など他者からの承認を求める欲求である。

最後は自己実現の欲求である。自己実現の欲求は自己が成長する機会を得ようと求めたり，生産的で創造的な潜在能力を十分に発揮したいとする欲求である。ただし，マズローによると，これは必ずしも全員がこの種の欲求にまで至るとは限らないと言う。

これらの欲求は必ずしも発達的な順序で現れるわけではない。あるケースでは個人の成長に伴い，しかしながら別のケースでは緩やかな学齢ごとに優勢になってくる。人間関係の固定化したクラブ・サークルや学級集団の中でも，社会生活においても，これらの欲求は現れる。学校場面でも，しばしば，よく似た階層性が観察されるかもしれない。

## 第2節　学校学習におけるモチベーション

### (1) 学習へのモチベーション

ここからは学校場面におけるモチベーションをみていく。すなわち学習意欲，学習への動機づけについてみていく。

学習への動機づけにはいろいろな分類法がある。1つ目は外発的動機づけと内発的動機づけの区別である。2つめは欲求論的アプローチと認知論的アプローチの区別である。そして，いずれの場合にも共通するが，学齢とともに現れてくる学習方略の採用の問題がある（次節を参照）。

### (2) 外発的動機づけと内発的動機づけ

行動が道具的や手段的か（外発的），あるいは自己目的か（内発的）によって形式上の区別がなされている。

外発的動機づけ（extrinsic motivation）は，教師や親などからの報酬や罰によって，本人が影響を受けるようなモチベーションである。本書第9章「教科教育と学習」で述べられた古典的条件づけ（レスポンデント条件づけ）や道具的条件づけ（オペラント条件づけ）の働きかけは，この外発的動機づけと密接に関わる。教師が児童・生徒をほめたり叱ったり，無視したりほほえみかけたりするのは，この条件づけによるモチベーション喚起の技法にあたる。

他方，内発的動機づけ（intrinsic motivation）は，学習者自身が自分で自分のために動機づけられる性質の場合で，例としては知的好奇心や向上心のようなモチベーションのことである。学習内容が面白ければ持続的に集中して取り組むし，面白くなければすぐに放棄してしまうことは子どもたちにはよく見られることである。そこで，児童・生徒が興味・関心を持ちそうな教材提示の工夫をすることが教師にできることであるし，また児童・生徒自身も最初は面白くなくても取り組むことで興味が湧いてくることを教師が指導・助言するのが大切になる。

内発的動機づけについては，後に自己決定理論に発展した考え方もある。たとえばド・シャーム（deCharms, 1968）は，自分の行動を引き起こす原因が自己の内側にあると認知している状態をオリジン（origin）と呼び，逆に自分の外側にあって自分がやらされていると認知する状態をポーン（pawn）と呼んだ。この前者は内発的動機づけ，後者は外発的動機づけと位置づけた。オリジンのように自己責任による行為と，ポーンのように他者の指示・命令による行為とでは，その持続性や熱心さが異なることが想定されるが，これはモチベーションに関して言えば，後述する原因帰属理論の考え方と近くなってくる。

### (3) 欲求論的アプローチ

総称としての欲求論的アプローチと認知論的アプローチは，基本的にはカラダとアタマの関係，すなわちモチベーションが生理的な欲求によるのか，それとも認知が行動を導くと想定するのかの区別である。

欲求論は生理的欲求に代表される考え方である。たとえば，就学前児のモチベーションは，生理的欲求（生理的動機）に左右されることが多い。空腹感，のどの渇き，睡眠不足，体温調節の変調などの身体上の生理学的な状態，いわゆる体調管理は学ぶ態度や集中力の阻害要因として働くことが多い。そのため，規則正しい生活習慣を保つことは学びの阻害要因の排除として働く。

このようなことを考えれば，児童・生徒が毎日を規則正しく生活することはモチベーションの維持に非常に重要である。特に，夜更かしによる授業中の睡眠不足は学習の阻害要因である。昼の前後も授業に集中しにくい時間帯であるので時間割の配列には工夫が必要である。

他方で，養育者とのアタッチメント（愛着）関係の安定は，感情や情緒の安定にもつながる。感情や情緒の不安定も知的側面や意志・意欲の側面に阻害要因として働く。感情・情緒の安定は，知的好奇心，探索動機，操作動機などの感覚希求動機が働くので，学びに向かうモチベーション喚起に効果的になる。

### (4) 原因帰属：認知論的アプローチ

モチベーションの認知論的アプローチは，心の持ち方や考え方すなわち認知が行動を変容させるという立場からの取り組みである。他者からの外発的な働きかけや興味・関心を引くような学習環境作りというよりも，学習者の心の中に焦点を当てる。このうちで心理学の実証的な研究成果に基づいた代表的な理論には，原因帰属理論と自己効力理論が知られる。

原因帰属とは，ある行動や結末が何のせい（原因，理由）でそうなったのかを主として「事後に」主観的に推論することである。原因帰属をする思考過程を帰属過程，帰属先の原因や理由を帰属因という。帰属先である原因・理由（帰属因）はワイナーら（Weiner et al., 1971, 1972）によって整理されているが，ここでは比較的広くあてはまる2×2の分類表のほうを表11-1に示す。

高等学校体育の鉄棒の授業における蹴(け)上がりについて例示する。Aさんが実技を行ったとき，残念なことに失敗したとしよう。成功のためには，さらに練習をする必要があるが，それにはまず，練習を続けるというモチベーションを高めることが重要になる。それには，なぜ失敗したのかという原因・理由を検

**表11-1　原因帰属の理由**（Weiner et al., 1971, 1972）

| 原因の所在／安定性 | 安定的 | 可変的 |
|---|---|---|
| 内的 | 能力 | 努力 |
| 外的 | 課題の困難さ | 運 |

討して対策をすることになる。それを考えるのが帰属過程であり，その結論先が帰属因である。

表11-1に示す2×2のマトリックスの1つは原因の所在である。原因の所在とは，失敗の原因が「内的」（自分にあるのか），「外的」（自分以外にあるのか）のいずれなのかを推論するポイントである。マトリックスのもう1つの区分は安定性であるが，これは結果が「安定的」（何回でも同様の結末か），「可変的」（たびたび異なる結末か）かのいずれかが原因の源であったのかを推論するポイントである。

もしもAさんが運動神経が良いほうで（内的），通常は成功する（安定的）のであればこの帰属因はマトリックスの左上「能力」に帰因している。つまり，能力や才能があるから成功したのだという納得の仕方になる。失敗ならば運動神経が劣っているから失敗したのだという解釈になる。同様に，Aさんが随分と頑張って練習したのであれば「努力」のおかげと見なしている。失敗ならば努力不足という解釈になる。

左下の課題の困難さは，自分のせいというよりも，こんな難しい課題が与えられたからとして失敗の言い訳になる理由づけを指す。いつもはこんな難しい課題ではないことを重視しようとするならば「運」が悪かったからということである。試験成績の良し悪し，遅刻の有無など，学校場面では，このような帰属過程は頻繁に使われている。そして，帰属因は主観的であり，しばしば，人によって異なる。

認知論的な考え方では，同じ結果でもどう受けとるか解釈が分かれるとするので，外からの働きかけというよりも，本人のとらえ方を変えることでモチベーションを喚起することができるのだと見なしている。〈たとえば自分は頭が悪いから，できなくて当たり前だった〉と思い込んでいる児童・生徒には，教師からの働きかけや友人知人からの激励・助言によって〈君は本当はできるはずだ〉〈運が悪かっただけだ。いつかはできるから頑張ろう〉と激励する。そうすることで，取り組むモチベーションが変わることを目論む。

その後，ワイナーは，コントロールが可能か否かというもう1つの次元を加えて2×2×2の帰属因へと発展させたが，本章では細部には立ち入らない。

### (5) 自己効力：認知論的アプローチ

自己効力もまた，モチベーションの機序に認知要因を重視する。

自己効力とは，ある行動や結末の実行・達成に関する「事前の」，主観的な見通し，信念，自信の強さと持続性のことである（Bandura, 1977, 1997）。この考えは多くの心理学実験や治療中の病院患者へのインタビューなどからも実証されていて，現在では，病院の心療内科などでなされる認知行動療法の理論的基礎の１つとしても広く認められている。自己効力は，自己肯定感の高い人，自尊心の強い人，自信満々の人のような類似語とは区別される。その理由は少なくとも２つあるが，１つは実証的で測定可能な用語であること，もう１つは特定の行動ごとの概念であることである。つまりは逆上がりの成功の自己効力は高いが，蹴上がり成功の自己効力は低いというように同じ人の異なる結果を区別的に説明できるということである。自己肯定感などの広い概念ではこのような区別は説明できにくい。

自己効力を高めるにはどうしたらよいだろうか。自己効力の高低を左右する源は４つある（表11-2）。自己効力の高い人は失敗してもへこたれずに再チャレンジする傾向がある。低い人はチャレンジそのものをためらって実行しなかったり，すぐにあきらめてしまう傾向がある。したがって，教師は，児童・生徒の自己効力を高める手立てを工夫することによって，モチベーションを持続的に働かせて成功に導く機会を持っている。

１つめは直接経験である。自己効力を高めるには成功体験を積み重ねることである。これはオペラント（道具的）条件づけの別の角度からの拡張的な見方とも言える。オペラント条件づけでは望ましいオペラント（反応，行動）は報酬の随伴によって上昇する。すでにある報酬を撤去したり，罰を与えることによって望ましくないオペラント（反応，行動）を低減させる（第９章を参照）。

**表11-2　自己効力の４つの源**（Bandura, 1977, 1997）

| ４つの源 | 自己効力を上げるケース | 自己効力を下げるケース |
|---|---|---|
| 直接経験 | 自分の成功体験 | 失敗経験の蓄積，学習性無力感 |
| 観察経験 | 他者の成功体験 | 無理なお手本の観察 |
| 言語的な説得 | 大事な人からの助言 | 無視される，一方的な叱責 |
| 生理的・情動的喚起 | 生理学的・心理的な良好の自覚 | 疲労，不安，緊張，マイナスの思い込み |

このような行動上の操作によって学習を定義づけているのが特徴である。一方で，自己効力では，条件づけ事態においては心の中に自己効力が高まったり低くなったりすることに着目している。

２つめは観察学習とかモデリングと呼んでいる学習経験である。人は，〈他者の振り見てわが振りを直す〉ことができるので，他者を観察することによって事前に自分の失敗を回避できる。また，自分自身の体験なしで，他者の行動を参考に見ならって成功する方法を学ぶこともできる。事前に失敗を回避することができる。ただ，注意すべきことはだれをお手本（モデル）にするのかの判断である。〈あの人ができるなら自分もできるはずだ〉として自己効力が高くなることもあれば，〈あんな人までも失敗するのだから，自分はダメで当然だ〉と自己効力を低下させることもある。

３つめは言語的な説得である。自分が尊敬する人，好意を持つ人，親しい人，専門家などから得られる助言や忠告あるいは叱責などは，自己効力を高めたり低めたりする。

最後の４つめは生理的・情動的な喚起（覚醒）である。自分ではコントロール（制御）の状態が不安定で，実行してみないとその時の様子がわからない時があるだろう。野球のピッチャー，水泳や短距離走，バスケットボールなどの試合，人前でのスピーチ，試験場での受験などいろいろある。はじめに〈今日は調子が悪い，変調だ〉と思ってしまうと，その間に予想を遙かに超えてどんどん崩れていってしまう，〈今日は絶好調だ，行けるぞ〉と思うと普段よりも力が出ることもあるだろう。過度の緊張や不安，マイナスの思い込みなどは，その場での自己効力を低下させたり上昇させたりする。

親や教師は児童・生徒の自己効力感を高める関わりを持つことでモチベーションを高め，学習者本人は自分で自分の自己効力を高めるような工夫をすることでモチベーションを高く保つことが可能になる。

### (6) 学齢とモチベーション

幼稚園や認定こども園においては，教育者や養育者が意図的な環境を準備することによって子どもたちの遊びを促し，その中で子どもたちが遊びを通して，健康・人間関係・環境・言葉・表現といった５領域にわたっての学びを展開する。

小学校時代においては，本格的な集団生活が始まる。教室での長時間の一斉学習が開始される。一斉授業の良い点は，学級集団の全員に対して教え学ぶので時間的な効率が良いことと，機会の不平等感があまりないことに尽きる。順序立てた体系的な学びができるということに尽きる。小学校では教育の目標は，知識・技能，思考力・判断力・表現力，主体的に学習に取り組む態度に関する総合的な学びを，国語や算数・数学や特別活動のような教科等を通して学んでいく（第 9 章「教科教育と学習」参照）。算数における計算や漢字の書き方，体育における跳び箱や鉄棒の成功や失敗などがあり，自分の成功や失敗と向き合うだけでなく，他者との暗黙のあるいは明示的な比較場面が発生する。集団場面が多いので，教室の友だちや仲間との競争や協同などの学習場面が増える。これらは学びのモチベーションを高めたり低下させたりするが，この年頃の特徴は，どちらかというと，あとの学齢ほどには学習意欲の低下状態を引きずらない傾向がある。個人レベルの到達度評価というべき自分なりの進歩への評価，すなわち今日できなくても明日はできるという未来志向がある。したがって，どちらかというと，もう挽回できないという思い込みによって長期に悲観的になることは他の上級学校と比べれば少ないとも言える。

小学校中学年頃からは，いよいよ教科の学習内容が多くなるが，それは児童の練習時間や演習時間の多さによって克服できるというドリル学習が多い（第 8 章「さまざまな授業の方法と教育評価」参照）。学習の成功は努力の量の関数とされることが多く，教師もそのような教育観によって教え指導することが多くなる。

一斉授業のほかに，しだいに教師 – 児童関係も影響してくる。有名なピグマリオン効果であるが，ローゼンサールたち（Rosenthal & Jacobson, 1968）は，ある小学校の教師と児童を対象にした実験で，教師に対して，ある子どもたちは知的に伸びる子だという情報提供をした。これは実はウソの情報であったが，その 6 か月後のテストではその子どもたちの学業成績が伸びたのだという。この教師期待効果は，ギリシャ神話にちなんでピグマリオン効果と名づけられた。小学校低学年ぐらいの学齢になると教師の期待の影響は大きく，それによって学習意欲が高まるのだとしている。実際，その後の教室観察の研究では

(Brophy & Good, 1974)，教師がその子どもたちをほめたりその回答を辛抱強く待ったりといった応対の仕方が他の子どもたちと比べて違うことがわかり，それが影響したのではないかと考えられた。追試的研究はそれほど見られないが，現場としてみると，「教師のひいき」による児童のモチベーションとして，これはいかにもありそうではある。

中学生頃になると，ピアジェの認識能力の発達理論でいう形式的操作期を迎え，教科学習の内容も抽象的で論理的な思考を必要とする課題が多くなる。機械的で単純な記憶だけでは覚えきれない量の学習内容になるので，自分についての記憶力の見きわめ（メタ記憶，後述）や学びの工夫（学習方略，後述）が必要になる。第二次性徴を迎え，教科学習以外にも興味・関心が増すので，スポーツや友人関係などに興味が広がり，他方で教科学習へ高いモチベーションを持続することからの撤退が生まれることもある。

高校生頃には，自分の将来についての漠然としたあるいははっきりとした展望が形成されるようになる。進路についても自分なりに考え始めるようになる。自分が何者なのか，自分は将来どうなっていくのか，どうしたいのかは自我同一性（エゴ・アイデンティティ）や進路決定の判断の問題であり，それは学校学習への取り組み方の積極性の多寡として，モチベーションの問題になる。モチベーションの高低は目標設定の立て方や達成の可否に依存する。時間的に長期にわたる持続性と集中力が要求される点では，子ども時代とは違ったモチベーションが必要となってくる。自我同一性の模索や達成のために仲間集団の帰属意識が高くなる生徒は，個人的な学習時間に費やすよりも逸脱を回避することで同調行動のために意図的にモチベーションを下げて，勉強を自制することもある。

## 第3節　メタ記憶から学習方略へ

### (1) 記憶力の限界とメタ認知

学齢が上がるにつれて体力や学力の個人差に開きが生まれてくるのはやむをえないことである。このうちで身体に関する面，すなわちスポーツや体育競技の成績については，誰の目にも努力や能力の限界がわかると思い込むので，チャレンジするモチベーションにまつわる意思決定はそれなりにスムーズに納得してしまうことが多い。しかしながら知的能力や学業成績というと，目に見えない能力であることもあってか，事情はもう少し複雑になる。特に記憶力が基礎となるような学業ではなおさらである。教科内容が多岐で多量になってくると，機械的な丸暗記の限界は明らかであり，そこで原因帰属過程が働く。一方では学業への取り組みのモチベーションが下がり，他方では記憶力の限界を認めて新しく工夫をしようとする人たちが出てくる。モチベーションは自分の記憶力の限界への見きわめ，すなわち記憶に関する認知（メタ認知，第4章「児童期」参照）から始まることも多い。

いろいろな研究によると小学校中学年ぐらいからは少しずつメタ認知能力が育ってくる。学校の教科学習では記憶力が重要になるので，自分の記憶に関する限界への見きわめからは，覚える工夫や学ぶ工夫，すなわち「うまく勉強する工夫」を考えざるをえなくなるようである。覚え方や忘却の理由に関心が生まれ，外部記憶装置（ノート，メモ帳など）の工夫をしたり，記憶術や勉強への工夫（すなわち学習方略）を模索するようになる。

## (2)　記憶の過程の概略

まず，記憶について心理学的に概観してから，勉強のための学習方略に移ることにする。

1960年代から1970年代に提案された記憶のモーダルモデルはアトキンソンとシフリン（Atkinson & Shiffrin, 1968, 1971）の情報処理モデル（図11-3）として総括された。ここでモーダルとは短期記憶（short term memory）と長期記憶（long term memory）という2つのモード（様態）の表現である。概略は次のようである。

目や耳のような感覚器官から入ってくる知覚的な情報は，最初は感覚記憶と

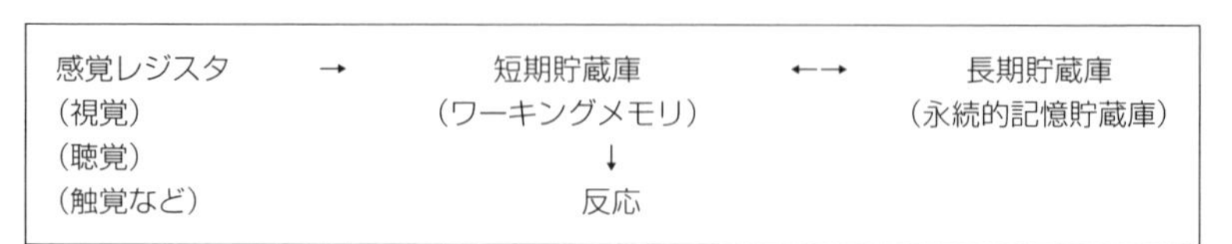


**図11-3　アトキンソンとシフリンによる記憶モデル**（Atkinson & Shiffrin, 1968, 1971）

呼ばれる非常に短い記憶として感覚レジスタ（感覚登録器 sensory registers）に蓄えられる。1つはアイコニックメモリと呼ばれる視覚的な感覚記憶（Sperling, 1960）であり，いま1つはエコイックメモリと呼ばれる聴覚的な感覚記憶（Neisser, 1967）であり，これらはまだ意味処理，つまり解釈されていない状態である。このことは非常に巧妙な心理学実験により見出された。その記憶情報の性質は，時間の経過に伴う自然崩壊によって，ごく短時間の間しか保持されない。われわれが知っている忘却現象の1つはこれによって説明される。たとえば，交差点で大勢の人とすれ違っても，特に誰かに注意しなかったとしたら，確かに目には見えてはいるのだろうが意図的に見ていなかったり記憶に残っているとは思わない。人の声についても同様である。聞こえてはいるのだろうけれども，聞いていない状態の記憶である。

いま，目に入ったこの視覚的情報のうちの一部に対して，〈これはアルファベットのAだ〉〈知らない形だ〉などと自分なりに解釈する（認知と言う）と，そのアイコニック（視覚的）な情報は，いま入力した感覚レジスタとは異なる性質を備えた所，すなわち短期貯蔵庫（short-term store：STS）と呼ばれる箇所へと転送される。〈クルマのブレーキ音だ〉〈猫の声だ〉といったエコイック（聴覚的）な情報も短期貯蔵庫へと運ばれる。この能動的な知的処理の過程は日常語で言う選択的注意と関わるのであるが，通常はこの過程はパターン認知とかパターン認識と呼ばれている。パターン認知の知的な活動には抱える脳の箇所の処理容量（capacity）に限界がある。ここからこぼれた多くの情報は，われわれが通常に言う，忘却や見落としである。

この短期貯蔵庫の容量や性能の限界のため，忘れないように機械的な反復をしたり覚え込もうと心的な努力をしない限りは，記憶は消失したり変容したり忘却したりする。この忘れないことに留まるような心的努力には維持型リハーサルという名前がついている。また，長期的に覚え込もうとする心的努力には精緻化リハーサルという名前がついている。精緻化リハーサルを経た記憶情報は長期貯蔵庫（long-term store：LTS）へと運ばれるが，この記憶は長期記憶と呼ばれる。

そこで長期記憶の構造や性質がどうなっているかという問題になるが，学校学習において知りたいことは，どうすれば長期記憶に蓄えられている記憶内容を教育テストの場面などで必要に応じて思い出すことできるのかである。また，忘れない覚え方のコツ・工夫は何かといった点であろう。われわれには漫画ドラえもんが持つ「暗記パン」はないので，〈自分には無理だ，覚えきれない〉〈こんなコトを覚えても何の役に立つのだろう〉といったモチベーションの高さの上下問題が親や教師にも児童・生徒にも切実な関心事になる。長期記憶から想起できない理由について，心理学では有力な 2 つの忘却理論が知られる。その 2 つは検索失敗説と干渉説であり，すぐに後述する。

### (3) ワーキングメモリの役割

覚える段階（記銘）の記憶や思い出す段階（想起）の記憶に限らず，もちろん何らかの作業中にも記憶は重要な役割を果たす。たとえば 18×6 という計算をすることを考えてみよう。最初に 8 掛ける 6 の計算をする時には，まず九九の算術式に関する長期記憶からこの問題の解法と関わる 8 の段あるいは 6 の段の答えを想起する必要がある。そして，それに成功して計算結果の 48 が得られた次の段階としては，一時的にこの 8 を貯蔵するとほぼ同時に 4 を 10 の位に繰り上げて，それを暫定的に保持する。そのままで，次の計算である 1（10 の位）×6 を計算して得られた 6 と先ほどから暫定的に保存した状態の 4 を検索してこれと合算して 10（10 の位）を得る。そして，これと，1 の位の暫定貯蔵 8 を合わせて 108 という答えを見出す。このように書いてみると煩雑で複雑な作業が必要になる。この演算においては，計算中に一時的に保存してあとで活用を前提とするような暫定的な記憶と，もう 1 つは長期に保存している長期記憶の中の記憶の 2 つが必要になる。前者をワーキングメモリ（作業記憶 working memory）と呼んでいる。

先の記憶過程の説明では，記憶過程全体の流れの中で，ワーキングメモリを短期記憶の過程の一部として位置づけて触れてきた。ここでは，その後の新しい説明を加えて，ワーキングメモリに光を当てた方向から記憶の説明を補足することにするが，まずはモチベーションについて続ける。

この計算中の小学校 2 年児童が自分のワーキングメモリの能力に自信がなければ，計算するモチベーションが起こらなくなる可能性があるだろう。また，自分の記憶力についての自分なりの能力の見きわめ，いわゆる「記憶についてのメタ認知」（あるいはメタ記憶）が上手に働けば，自分には無理だから紙にメモするとか，指を使うというような学習方略（ストラテジー）を使うことによってモチベーションを維持しようとするだろう。これはメタ認知の発達として既に第4章「児童期」で説明されている。また，学習方略として本章の後半に触れることになる。

### (4) 記憶の複数成分モデル

短期貯蔵庫をもう少し詳しく集中的に検討して，これを彼等なりのワーキングメモリの学説として説明しているのがバッデリーである（Baddeley, 2007）。図11-4は短期記憶を大きくは3つの成分からなるワーキングメモリとして説明している。ワーキングメモリの中心的な役割と働きを担うのは中央実行系（central executive）である。これは注意をコントロール（制御）するシステムであり，そのシステムには音韻ループ（phonological loop），視空間スケッチパッド（visuo-spatial sketchpad）と名づけた2つの従属する貯蔵システムがあるとする。これらの多くもまた，巧妙な心理学実験や，脳損傷患者からの神経心理学的知見から導かれたものである。

音韻ループは，音韻貯蔵庫（音韻ストア）と構音リハーサルシステムからなると想定する。その理由は視覚的な情報もまた音韻的なコードに変換される可能性があるからである。リハーサル過程は語の長さの効果（word length effect）に反映されること，つまり長いほど記憶痕跡の時間的な減衰が早いこともわかっている。この2つを音韻ループと呼ぶ。音韻ループは内なる声（inner voice）とでも言うべきものであり，言語的リハーサル・ループのことである。たとえば，電話番号をしばらくのあいだ覚えておこうとする時に，口の中で番号を繰り返しつぶやくようなことがそうである。

視空間スケッチパッドは，視覚情報，空間情報に関しての記憶処理である。音韻ループと似ている部分があるが，違うのはそれが内なる声と似た働きの，内なる目（inner eye）という点にある。たとえば，算盤（そろばん）を用いての計算作業においてまるで手を使うように暗算をするとか，模型の家を頭の中で回転させたりといった場合がそうであり，視覚的イメージの操作になっていて，脳の右半球の働きと関係する。

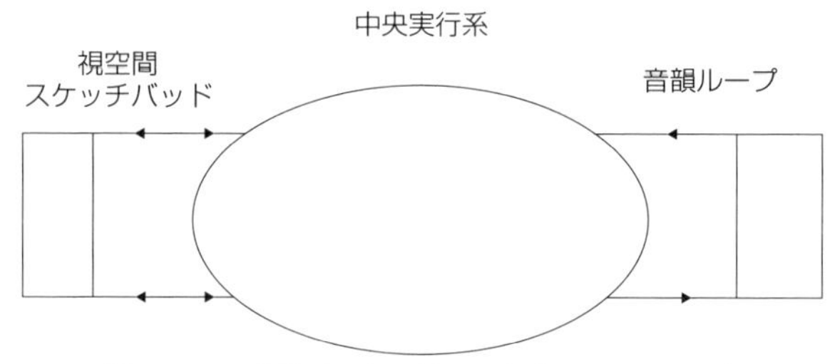


**図 11-4　3成分ワーキングメモリ**（Baddeley, 2007）

さらに近年は，中央実行系，音韻ループ，視空間スケッチパッドの3つに追加して，これらワーキングメモリシステムと長期記憶の間のインターフェイス（情報交換）として，4つめのシステムを想定している。これをエピソードバッファ（episodic buffer）と呼んでいる。音韻ループに入ったものは直接ここに入力されるが，視覚的情報はいったん音韻ループによって処理されて後，このエピソードバッファに入ることができると見なしている。たとえて表現すると，内なる耳（inner ear）の働きをすると見なしている。結局のところ，中央実行系は3つの下位システムをコントロールして，ワーキングメモリを統合している記憶のことだと考えている。

この領域の研究は継続的であり，絶えず書き換えられる性質を持つ。記憶や思考を伴う知的作業は複雑多岐であり，これらの機能はさまざまなタイプのモチベーションに影響することは確かなことである。いろいろな学習場面に際していろいろな関わり方があるということである。

## (5) 長　期　記　憶

短期記憶やワーキングメモリに関する実験的研究は進んでいるが，それよりも長く保持されている記憶はどのような性質を持っていて，また忘却する仕組みはどのように考えればよいのだろうか。

長期記憶にまつわる代表的な忘却の理論は，検索失敗説と干渉説である。

検索失敗説の説明に入る。図書館の図書の貯蔵にたとえるならば，確かに図書は保管しているものの，それがどこにあるのかわからず想起できないとする説である。倉庫から検索することに失敗しているという事態であり，「ど忘れ」「のどまで出かかる現象」のように，自分で覚えていることは実感しているのに想起するきっかけが出てこないので思い出せないとする説である。これは，思い出すためのヒントやキーワードがあれば思い出せる。逆に言うと，覚える時には言語的なキーワード，非言語的なイメージや連想と結びついて貯蔵すれば，思う出すときにそれが手掛かりになるとみる考え方である。われわれの日常的な実感でも，想起できなくとも何かヒントをもらうと思い出すことはよくある。記銘する時に思い出すためのヒントを付与しておけばよいわけである。覚えるということは思い出すヒントと一緒に覚えるということである。

忘却のもう１つの説は干渉説である。最初にＡを覚えた時間的に後で，新しくＢを覚えたとしよう。ＡとＢがよく似ている時には両者を混同することがある。Ａの影響でＢが覚えられない，覚えても忘れてしまう時，この現象を順行干渉（または，順向干渉）と言う。逆に，Ｂが定着しているにもかかわらずＡのほうを忘れてしまう時，逆行干渉（または逆向干渉）と言う。干渉はＡとＢがよく似ている時に起こりやすいので，忘れないためにはＡ，Ｂ両者の同じ点と違う点を区別して覚えることが重要になる。Ａ，Ｂ両者の異同を対比一覧するのは忘却を防ぐよい方法とされる。

長期記憶の記憶保管の仕方はまだわからない部分が多いが，宣言的記憶と手続き的記憶に分けることはよく知られている。宣言的記憶とは，私たちが知識と呼んでいるものである。これは意味記憶とエピソード記憶に区別されている。意味記憶は知識に関する辞書のようなもので，単語の綴りや意味の知識である。これらは階層構造を備えたネットワーク状になっているという説が有力である。エピソード記憶は，個人の経験による記憶である。低年齢の子どもたちは実感を伴う具体的な経験が記憶として残ることが多いので，学びに向かうモチベーションを高めるには子どもたちのエピソード記憶を活用することも効果的である。

手続き的記憶は時間の経過とともにどのような手順で行うのかという技術的な内容の記憶が主となる。非言語的なことが多いので，言語化するために何かになぞらえたり言葉や記号を使ったりすることが有効なときがある。漢字の筆順，理科実験の手順などは，学校で覚える手続き的記憶が活用される内容である。

## 第 4 節　学習方略とモチベーション

### (1) 学　習　方　略

記憶力の限界を自覚してしまった結果から，勉強を放棄する生徒のモチベーションを高めるにはどうしたらよいか。それには，低くなった原因帰属過程を変えたり自己効力を高める工夫が有力である。人間の記憶力は発達するが，その容量には限界があるとされるので，そのことを認めた上で目標設定を記憶力向上の工夫におくのが賢明な一方法である。

辰野（1997）は勉強の仕方のこと，つまり学習方略（learning strategy）を「学習の効果を高めることを目指して意図的に行う心的操作あるいは活動」と定義している。表 11-3 には代表的な 12 の学習方略が要約されている（表 11-3）。この素晴らしい要約をなぞりながら，以下には，新たにモチベーションに関する追加説明を加えてたどることにする。

**①興味に訴える方法**　子どもたちが面白かったり，もっと知りたいという気持ちを持つような教材を準備する。これは内発的動機づけであるが，あるいは外発的動機づけとして教師が子どもの良い点をほめることも重要である。実際，指導要録にも，関心・意欲・態度に類する観点の評価項目が設定されている。

**②知的好奇心に訴える方法**　知的好奇心の対象は発達に応じて変わる。幼児期には言葉の発達が著しいので，子どもたちからの質問に適切に答えること

**表 11-3　12の学習方略**（辰野，1977）

| | |
|---|---|
| ① | 興味に訴える方法 |
| ② | 知的好奇心に訴える方法 |
| ③ | 目的・目標を意識させる方法 |
| ④ | 達成動機に訴える方法 |
| ⑤ | 不安動機を生かす方法 |
| ⑥ | 成功感に訴える方法 |
| ⑦ | 学習の結果を知らせる方法 |
| ⑧ | 賞罰を与える方法 |
| ⑨ | 競争に訴える方法 |
| ⑩ | 自己動機づけを高める方法 |
| ⑪ | 学級の雰囲気を生かす方法 |
| ⑫ | 学習意欲を高める授業と評価の方法 |

が適切となる。一斉指導の他，モンテッソリー法などの試みもある。

児童期にはピアジェ（J. Piaget）の表現した具体的思考，青年期になると抽象的思考，論理的思考による探索や探究が好まれるようになる。教育的環境としては内発的動機づけを補償する教材の準備や教師・親などからの外発的動機づけが効果的になる。発見学習などの学習法が有効な場合がある。

**③目的・目標を意識させる方法**　努力によって達成が可能な具体的目標を示すと，子どもたちのモチベーションが高まる。授業開始時に具体的に学習目標を示すことは，モチベーションを高める効果を持つ。ただし，高すぎる目標はモチベーションを著しく低下させる。

**④達成動機に訴える方法**　動機を2種類に分ける時，生理的動機や欲求・本能的な動機を一次的動機，その後の社会生活の中で育ってくる動機を二次的動機と言うことがある。二次的動機は社会的動機とも言われ，達成動機は代表的な二次的動機の1つである。達成動機の測定方法が開発されたので，達成動機の高い人はモチベーションが高いことが知られてきた。

達成動機と失敗回避動機とは表裏一体の関係があるとされる。失敗を恐れてチャレンジをためらったりすることは親の養育態度や社会の風潮にも関係する。うまく達成動機に訴えることによってモチベーションを高めることができる。

**⑤不安動機を生かす方法**　高い不安は学習を妨げるが，他方で軽い不安は学習を促進する。高い不安を持つ子どもたちには，教師が不安を低減させる声がけをし，評価場面を少なくしたりするのがよい。高すぎる目標はふさわしくないことが多い。個別指導の方法としてプログラム学習が有効なことがある。

**⑥成功感に訴える方法**　自己効力を高める方法のうちの1つである。失敗の原因帰属を能力のせいにせず，運の悪さや努力不足に帰属させることも，再チャレンジする余地を残す意味からは効果的である。

**⑦学習の結果を知らせる方法**　よく行われる方法はテスト返しである。オペラント条件づけによる賞罰情報の随伴に相当する。自分の課題解決の結果を知ることによって以後の学習行動を修正したり，妥当であると確認したりすることに役立つ。

これはCAI（コンピュータ支援教育）を利用したプログラム学習でも使われている（第8章「さまざまな授業の方法と教育評価」参照）。ただし，あまり時間が経過してからであると，記憶も薄れるので効果が少ない。

**⑧賞罰を与える方法**　個人差があるが，一般的には，ほめられるとモチベーションは高くなり，叱られると低くなる。同じようにほめても誰にほめられるかによっても効果が異なる。外発的動機づけの代表のような方法であるが，人をほめるか行動をほめるかによっても違うので，基本的には，何をほめているのかが児童・生徒にわかるようなほめ方がふさわしい。他者に対してほめたり叱ったりすることも観察者に対して効果的であることが知られている（観察学習／モデリング）。

**⑨競争に訴える方法**　人は誰でも自分と他者を比べるので，競争場面はモチベーションを高める。教師が設定する競争場面では，負けた方の個人への原因帰属を迷彩化するためにグループ間での競争を促すことが多い。グループ内で協同して学ぶと学習効率が上がる研究が報告されている。ただし，ティームワーク（team work）とタスクワーク（task work）のバランスはいつも難しい。集団による個人への圧力のように，集団のために個を犠牲にするのかどうかの場面は，イジメ問題を含めて，学校以外のいろいろな社会場面でも見られる難問である。

**⑩自己動機づけを高める方法**　おもに原因帰属理論によるモチベーションである。1つめの内的原因か外的原因かは，原因が自分にあるのか自分以外にあるのかの違いである。2つめの安定不安定の原因は，いつもどおりなのか，その都度変わる可能性があるかという推論の思考パターンである。3つめのコントロール（統制，制御）が可能か否かは，そのとおり，自分でコントロールできるかできないかである。自己動機づけは訓練できるので親や教師は促すことが効果的になる場合がある。

**⑪学級の雰囲気を生かす方法**　学校生活の大半は学級の授業時間で費やされる。学びのモチベーションが高まるような学級の雰囲気を作ることが重要である。教師による学級集団の維持への働きかけ，集団による学習目標を達成する働きかけは非常に重要である。個が伸び伸びと潜在的な力を発揮できるような集団作りに留意することがよい。

**⑫学習意欲を高める授業と評価の方法**　上記の留意点について1つに固執するのではなく，総合的にバランスよく運営していくことが望まれる。また，

教師と児童・生徒間で意思の疎通がうまく図られるように努めることも大切とされよう。

### (2) モチベーションのない学習

意図的な学習においてモチベーションを高めることが重要であることはよく知られている。しかし，それだけではなく，モチベーションが見られない場合にも学習が起こる。それを偶発学習と呼んでいる。

教室にいろいろな掲示物があったり，廊下に何らかの張り紙があったりしても，普通は，特に意図的に見て覚えようとはしないだろう。ところがいつの間にか，それを覚えていることがある。この現象は意図的ではなく，しかも偶然に学んでいることから偶発学習という名前がついている。偶発学習の場合，特段にモチベーションを高めているのではないが，結果的に偶発的に学習が成立している。

〈門前の小僧，習わぬ経を読む〉の言い伝えのように，強く教えたり学んだりしないでも，そのような環境の中で時間を過ごすことによって自然にいつの間にか学んでしまうこともある。学校や教室で学雰囲気や環境を準備することの重要性がわかる。

#### ■引用文献


Atkinson, R. C., & Shiffrin, R. M. (1968). Human memory: A proposed system and its control processes. In K. M. Spence (Ed.), *The psychology of learning and motivation: Advances in research and theory* (Vol. 2). New York: Academic Press. pp. 89-195.

Baddeley, A. D. (2007). *Working memory, thought, and action* (1st ed.). Oxford, UK: Oxford University Press.［井関龍太・齊藤　智・川崎恵里子（訳）（2012）．ワーキングメモリ――思考と行為の心理学的考察――　誠信書房］

Bandura, A. (1977). Self-efficacy: Toward a unifying theory of behavioral change. *Psychological Review*, **84**, 191-215.

Bandura, A. (1997). *Self-efficacy: The exercise of control*. New York: Freeman.

Brophy, J. E., & Good, T. L. (1974). Teacher-student relationships: Causes and consequences. Oxford, UK: Holt, Rinehart & Winston.［浜名外喜雄・蘭　千壽・天根哲治（訳）（1985）．教師と生徒の人間関係――新しい教育指導の原点――　北大路書房］

deCharms, R. (1968). *Personal causation*. New York: Academic Press.

速水敏彦（1998）．自己形成の心理――自立的動機づけ――　金子書房
Hitch, G., & Baddeley, A. D. (1976). Verbal reasoning and working memory. *Quarterly Journal of Experimental Psychology*, **28**, 03-621.
Maslow, A. H. (1962). *Toward a psychology of being*. Princeton, NJ: Van Nostrand.［上田吉一（訳）（1964）．完全なる人間――魂のめざすもの――　誠信書房］
Maslow, A. H. (1970). *Motivation and personality* (2nd ed.). New York: Harper & Row.
Neisser, U. (1967). *Cognitive psychology*. New York: Appleton-Century Crofts.［大羽泰（訳）（1981）．認知心理学　誠信書房］
Rosenthal, R., & Jacobson, L. (1968). *Pygmalion in the classroom: Teacher expectation and pupils' intellectual development*. New York: Holt, Rinehart & Winston.
Sperling, G. (1960). The information available in brief visual presentations. *Psychological Monographs: General and Applie*d, **74**, 1-29.
辰野千寿（1997）．学習方略の心理学――賢い学習者の育て方――　図書文化社
Weiner, B., Frieze, I. H., Kukla, A., Reed, L., Rest, S., & Rosenbaum, R. M. (1971). *Perceiving the causes of success and failure*. Morristown, NJ: General Learning Press.
Weiner, B. (1972). Theories of motivation. Chicago, IL: Rand McNally.

# 索　　引

## 人名・団体名索引

### 欧文表記

### 邦文表記

#### あ行



#### か行



#### さ行

## た行



## な行



## は行



## ま行



## や・ら・わ行

# 事項索引

## さ行

**た行**

**な行**



**は行**

**ま行**



**や行**



**ら・わ行**

## 執筆者紹介

### 編　者

宮川　充司　椙山女学園大学教育学部教授
大野　　久　立教大学名誉教授
谷口　明子　東洋大学文学部教授
大野木裕明　福井大学名誉教授

### 執筆者

宮川　充司（第 1 章）編者
水野　里恵（第 2 章）中京大学心理学部教授
林　　昭志（第 3 章）上田女子短期大学専任講師
塚本　伸一（第 4 章）東京未来大学教授，副学長
岡田　　努（第 5 章）金沢大学人間社会研究域教授
大野　　久（第 6 章）編者
大野木裕明（第 7 章）編者
遠山　孝司（第 8 章）鎌倉女子大学児童学部准教授
﨑濱　秀行（第 9 章）阪南大学経済学部教授
太田　伸幸（第 10 章）中部大学現代教育学部准教授
大野木裕明（第 11 章）編者

子どもの発達と学校［第3版］Ⅰ
発達と学習の心理学

2000年6月20日　初　版第1刷発行
2010年6月10日　改訂版第1刷発行
2019年5月31日　第3版第1刷発行
2024年3月20日　第3版第4刷発行

定価はカヴァーに
表示してあります

編　者　宮川　充司
大野　　久
谷口　明子
大野木裕明
発行者　中西　　良
発行所　株式会社ナカニシヤ出版
〒606-8161　京都市左京区一乗寺木ノ本町15番地
Telephone　075-723-0111
Facsimile　075-723-0095
Website　http://www.nakanishiya.co.jp/
Email　iihon-ippai@nakanishiya.co.jp
郵便振替　01030-0-13128

装幀＝白沢　正／印刷・製本＝創栄図書印刷株式会社



Printed in Japan

ISBN 978-4-7795-1381-7　C0011